全面增强党的执政本领八讲

刘炳香 岳宗强 / 著

SPM
南方出版传媒
广东人民出版社
·广州·

图书在版编目（CIP）数据

全面增强党的执政本领八讲／刘炳香，岳宗强著．—广州：广东人民出版社，2019.5（2020.6重印）

ISBN 978-7-218-12999-0

Ⅰ．①全… Ⅱ．①刘… ②岳… Ⅲ．①中国共产党－执政－研究 Ⅳ．①D25

中国版本图书馆 CIP 数据核字（2018）第 246394 号

QUANMIAN ZENGQIANG DANG DE ZHIZHENG BENLING BAJIANG
全面增强党的执政本领八讲
刘炳香　岳宗强　著　　　　　　　　　　　　版权所有　翻印必究

出 版 人：肖风华

策划统筹：钟永宁
责任编辑：卢雪华　伍茗欣
封面设计：闽江文化
责任技编：周　杰　周星奎

出版发行：广东人民出版社
地　　址：广州市海珠区新港西路 204 号 2 号楼（邮政编码：510300）
电　　话：（020）85716809（总编室）
传　　真：（020）85716872
网　　址：http://www.gdpph.com
印　　刷：广州市浩诚印刷有限公司
开　　本：787mm×1092mm　1/16
印　　张：16.25　　字　　数：210 千
版　　次：2019 年 5 月第 1 版
印　　次：2020 年 6 月第 2 次印刷
定　　价：45.00 元

如发现印装质量问题，影响阅读，请与出版社（020－85716808）联系调换。
售书热线：（020）85716826

目 录

前　言 ··· 001
　一、新时代新目标 ···························· 002
　二、敢于担当善于作为 ························ 004
　三、政治过硬，本领高强 ······················ 012

第一讲　增强学习本领 ························· 035
　一、中国共产党人依靠学习走到今天，也必然要依靠
　　　学习走向未来 ···························· 036
　二、好学才能上进 ···························· 041
　三、"工作太忙"绝不是放松学习的理由 ········· 053
　四、把握学习方法，提高学习效果 ·············· 056

第二讲　增强政治领导本领 ····················· 061
　一、政治领导本领是党员领导干部的立身之本、
　　　为政之要 ······························· 062
　二、善于从政治上思考和观察问题，站稳政治立场
　　　 ······································· 072

三、维护党中央权威和集中统一领导 ……………… 078
　　四、科学制定和坚决执行党的路线方针政策 ……… 082
　　五、坚持战略思维、创新思维、辩证思维、法治思维、
　　　　底线思维 …………………………………………… 086

第三讲　增强改革创新本领 …………………………… 093
　　一、改革创新是共产党人的精神品质 ……………… 094
　　二、解放思想、锐意进取 …………………………… 099
　　三、牢牢把握我国社会主要矛盾转化，创造性推动
　　　　工作 ………………………………………………… 106
　　四、善于运用互联网技术和信息化手段开展工作
　　　　………………………………………………………… 109

第四讲　增强科学发展本领 …………………………… 123
　　一、发展理念事关科学发展 ………………………… 124
　　二、贯彻创新发展理念 ……………………………… 128
　　三、贯彻协调发展理念 ……………………………… 133
　　四、贯彻绿色发展理念 ……………………………… 138
　　五、贯彻开放发展理念 ……………………………… 143
　　六、贯彻共享发展理念 ……………………………… 147

第五讲　增强依法执政本领 …………………………… 151
　　一、依法执政是党执政的基本方式 ………………… 153
　　二、正确处理党的领导与法治的关系 ……………… 166
　　三、完善党内法规制度体系 ………………………… 171

四、加强和改善党对国家政权机关的领导 ………… 178

第六讲　增强群众工作本领 ………… 183
　　一、有群众观念，走群众路线 ………… 184
　　二、组织、宣传、引导、服务、教育群众，做好
　　　　新时代群众信访工作 ………… 190
　　三、创新群众工作的方式方法，完善群众工作的
　　　　体制机制 ………… 194
　　四、充分发挥群团组织联系群众的桥梁纽带作用 … 200

第七讲　增强狠抓落实本领 ………… 207
　　一、实干兴邦 ………… 208
　　二、以完善的制度确保落实 ………… 212
　　三、探索正确的思路、科学的方法 ………… 220

第八讲　增强驾驭风险本领 ………… 227
　　一、树立居安思危的忧患意识 ………… 228
　　二、正确认识风险本质，万万不可麻痹大意 ………… 232
　　三、健全防控风险的长效机制 ………… 236
　　四、改进工作作风，提高工作能力，降低风险防控
　　　　成本 ………… 243

后　记 ………… 250

前言

2017年艳阳高照，秋风送爽的10月，中国共产党第十九次全国代表大会胜利召开。这是在全面建成小康社会决胜阶段、中国特色社会主义进入新时代的关键时期召开的一次十分重要的大会。大会的主题是：不忘初心，牢记使命，高举中国特色社会主义伟大旗帜，决胜全面建成小康社会，夺取新时代中国特色社会主义伟大胜利，为实现中华民族伟大复兴的中国梦不懈奋斗。中共中央总书记习近平同志代表第十八届中央委员会向大会作报告时宣示：不忘初心，方得始终。中国共产党人的初心和使命，就是为中国人民谋幸福，为中华民族谋复兴。

一、新时代新目标

中国共产党成立98年、新中国成立70年，中国共产党领导人民不懈奋斗，在民族独立、人民解放、国家发展方面建立了丰功伟绩。党的十八大以来的五年来，在党中央坚强领导下，经过全党全国各族人民共同奋斗，解决了许多长期想解决而没有解决的难题，办成了许多过去想办而没有办成的大事。五年来的成就是全方位的、开创性的，五年来的变革是深层次的、根本性的，推动党和国家事业发生了历史性变革，中国特色社会主义进入了新时代，这是我国发展新的历史方位。

在新时代，我国正处于并将长期处于社会主义初级阶段。我国仍然是世界上最大的发展中国家，发展仍然是解决中国一切问题的关键。这是"当代中国的最大国情、最大实际"。同时，新时代有新特征，即：近代以来久经磨难的中华民族迎来了从站起来、富起来到强起来的伟大飞跃，迎来了实现中华民族伟大复兴的光明前景；科学社会主义在21世纪的中国焕发出强大生机活力，在世界上高高举起了中国特色社会主义伟大旗帜；中国特色社会主义道路、理论、制度、文化不断发展，拓展了发展中国家走向现代化的途径，给世界上那些既希望加快发展又希望保持自身独立性的国家和民族提供了全新选择，为解决人类问题贡献了中国智慧和中国方案。我们比历史上任何时期都更接近中华民族伟大复兴的目标，比历史上任何时期都更有信心、有能力实现这个目标。

新时代，我国社会主要矛盾已经转化为人民日益增长的美好生活需要和不平衡不充分的发展之间的矛盾，我们必须坚持以人民为中心的发展思想，不断促进人的全面发展、全体人民共同富裕。

基于对社会发展阶段、国家发展方位及当前形势作出的精准研判，从实际出发，党的十九大作出新时代中国特色社会主义发展的战略安排是：从现在到2020年，是全面建成小康社会决胜期。要按照党的十六大、十七大、十八大提出的全面建成小康社会各项要求，紧扣我国社会主要矛盾变化，统筹推进经济建设、政治建设、文化建设、社会建设、生态文明建设，坚定实施科教兴国战略、人才强国战略、创新驱动发展战略、乡村振兴战略、区域协调发展战略、可持续发展战略、军民融合发展战略，突出抓重点、补短板、强弱项，特别是要坚决打好防范化解重大风险、精准脱贫、污染防治的攻坚战，使全面建成小康社会得到人民认可、经得起历史检验。综合分析国际国内形势和我国发展条件，从2020年到本世纪中叶可以分两个阶段来安排。第一个阶段，从2020年到2035年，在全面建成小康社会的基础上，再奋斗15年，基本实现社会主义现代化。第二个阶段，从2035年到本世纪中叶，在基本实现现代化的基础上，再奋斗15年，把我国建成富强民主文明和谐美丽的社会主义现代化强国。

党的十九大确定了新时代实现中华民族伟大复兴中国梦的新目标，让国家有了方向感、精英有了安全感、老百姓有了盼头、奔头。

二、敢于担当善于作为

一个时代有一个时代的问题，一代人有一代人的使命。新时代，共产党人的使命呼唤担当，使命引领未来。新时代新目标，不是轻轻松松能实现的。全党全国各族人民要像石榴籽一样紧紧抱在一起，坚忍不拔、锲而不舍，奋力谱写社会主义现代化新征程的壮丽篇章！

我们党要始终成为时代先锋、民族脊梁，始终成为马克思主义执政党。全党要更加自觉地坚定党性原则，勇于直面问题，敢于刮骨疗毒，消除一切损害党的先进性和纯洁性的因素，清除一切侵蚀党的健康肌体的病毒，不断增强党的政治领导力、思想引领力、群众组织力、社会号召力，确保我们党永葆旺盛生命力和强大战斗力，从而不负人民重托、无愧历史选择，在新时代中国特色社会主义的伟大实践中，以党的坚强领导和顽强奋斗，激励全体中华儿女不断奋进，凝聚起同心共筑中国梦的磅礴力量！

党的干部是党和国家事业的中坚力量。要坚持党管干部原则，坚持新时代党的干部路线，即：全面贯彻新时代中国特色社会主义思想，以组织体系建设为重点，着力培养忠诚干净担当的高素质干部，着力集聚爱国奉献的各方面优秀人才，坚持德才兼备、以德为先、任人唯贤，为坚持和加强党的全面领导、坚持和发展中国特色社会主义提供坚强组织保证。

党的干部必须敢担当善作为。敢担当善作为是共产党人的政治本色。在全面建成社会主义现代化强国的新征程上，党的干部要敢啃硬骨头，敢打硬仗，坚韧不拔，矢志不渝，在其位、谋其政、干其事、求其效，以敢担当善作为的实际行动，向党和人民交出满意答卷。

（一）领导干部敢担当善作为要有积极的态度

态度是个体对特定对象如人、事、观念等所持有的稳定的心理倾向。这种心理倾向蕴含着个体的主观评价以及由此产生的行为倾向性。对敢担当善作为的积极的态度取决于领导干部的主观动机。动机强烈，才能想担当作为、愿意担当作为、积极主动担当作为。这是领导干部敢担当善作为的心理基础。打牢这个心理基础，需要领导干部加强党性修养，尤其要在以下几个方面更加努力：

第一，政治过硬、头脑清醒、立场坚定、眼睛明亮，见事早、行动快。这就要坚持原则、认真负责，面对大是大非敢于亮剑，面对矛盾敢于迎难而上，面对危机敢于挺身而出，面对失误敢于承担责任，面对歪风邪气敢于坚决斗争。

第二，无所畏惧，甘于奉献牺牲。真正的共产党人，向来都是"坚持党的事业第一、人民利益第一，做到敬业爱岗、守土有责、守土尽责"，以"等不起"的紧迫感、"慢不得"的危机感和"争一流"的使命感去工作、去奉献，为党和人民的利益不惜牺牲个人的一切。

第三，光明磊落，胸襟坦白。领导干部心底无私，才能做人有骨气、做官有正气，担当有底气，始终"保持锐意创新的勇气、敢为人先的锐气、蓬勃向上的朝气"。

第四，正气凛然，清正廉洁。党和人民赋予干部的权力，只能用来为党分忧、为国干事、为民谋利。权力与责任对等是权力运行的基本游戏规则。因此，领导干部掌握多大权力就应该尽多大责任，规规矩矩"按本色做人、按角色办事"，敬畏权力，按照制度与规则谨慎地使用权力，守住自己的政治生命，保持拒腐蚀、永不沾的政治本色。

（二）领导干部敢担当善作为要有高强的能力

干部的能力是干部的综合素质在实现某一目标或者完成某项任务过程中的外在表现。能力是领导干部担当作为的基础条件。干部不仅要有担当作为的宽阔肩膀，还得有担当作为的高强能力。有过硬本领才能真负责、真担当、有作为。领导干部做人做事，最怕的就是只说不做，眼高手低。

第一，学习知识、提高技能。按照实现党的十九大提出的新目标、新任务对领导干部能力的要求，根据领导干部自身情况，领导干部要主动学习新知识，沉下心来干工作，心无旁骛钻业务，注重培养专业作风、专业精神，坚持实事求是，坚持理论联系实际，干一行爱一行、钻一行精一行、管一行像一行。

第二，善于总结、积累自己的经验，积极学习、借鉴他人的经验。习近平同志指出，"干部干部，干是当头的，既要想干愿干积极干，又要能干会干善于干"。做到这一点，必须具备一个重要条件，就是领导干部有经验。领导干部的经验有两个来源：一是对自己亲身经历的领导活动中通过感觉器官获得的认识和知识进行总结、提炼，得出某种肯定的结论。当领导干部把自己的经验应用于实践，并从中获得益处，这就形成了成功经验。由于这种成功经验得到领导干部的珍视而迅速转化为领导干部自身素质，外界无法剥夺。毛泽东曾经自豪地说，共产党是靠总结经验吃饭的，其实就是强调总结经验的重要性。总结经验是走向成功的捷径。不重视、不善于总结经验，成功难以积累，失败很难避免。二是学习借鉴他人的经验。个人的实践总是有限的，个人经验与人类经验相比是沧海一粟。在人类文明和社会进步过程中，吸收借鉴他人的经验，有利于领导干部个人迅速提高自身能力。领导干部的眼界、视野、胸怀决定了其对他人经验的接纳程度与尝试积极性。越是经验丰富的领导干部，越是重视总结自己的经验、借鉴他人的经验，在新的任务面前越能表现出从容不迫、临危不惧。

第三，提高创新能力。创新即综合运用已有的知识、经验和现有物质资源，在特定的环境中，本着理想化需要或为满足社会需求，改进或创造出新的事物、方法、元素、路径、环境。创新能力带来更新、创造、改变的正向结果。领导干部的创新能力是决定党能否始终走在时代前列，带领人民实现两个一百年的奋斗目标，推动民族进步和社会发展必不可少的认识能力和实践能力。越是在党和国家高层级领导岗位上的干部，越是更加需要创新能力。

以上三个方面的能力，是由低到高三个层次上的领导能力，它们具有相对独立性，但并非各自孤立存在，而是相互联系、相辅相成。

（三）领导干部敢担当善作为要有科学的方法

领导方法是完成领导任务、达成领导目标的方式和手段。领导方法是否科学，直接影响领导行为达成预期目标的程度。在《关心群众生活，注意工作方法》中，毛泽东指出，如果把完成领导任务比作是过河，那么，领导方法就是过河的船或桥。没有船或桥，过河是一句空话，不解决方法问题，完成任务是瞎说一顿。在新时代，领导干部担当作为必须要有科学的方法作保证。

领导方法是分层次的，对于领导干部来说，第一个层次的领导方法是思维方法。完成党的十九大提出的新目标新任务，要求领导干部用新的思维方法谋划发展、接续奋斗，尤其要熟练运用战略思维、创新思维、法治思维、底线思维与辩证思维来观察事物、分析问题、解决问题，不断增强工作的科学性、预见性、主动性和创造性。第二个层次的领导方法是反映普遍领导活动规律的基本领导方法在普遍领导活动中适用，如，群众路线的方法、调查研究的方法、定性与定量相结合的方法、纵横比较的方法、总结经验的方法等。这些领导方法是党从小到大、从弱到强的重要法宝和优良传统，在中国特色社会主义建设新时代依然历久弥新。第三个层次的领导方法就是反映特殊领导活动规律的具体领导方法，在特殊领导活动中适用，如，开会的方法、思想教育的方法、抓落实的方法、激励干部的方法、做群众工作的方法等。领导干部不断改进具体领导方法，担当作为才能化作具体的有效行为，达成本职岗位工作的预期效果，才能确保有效避免

"愿望是好的、方法是错的"而导致的事与愿违。

（四）领导干部敢担当善作为要有强劲的动力

毛泽东同志有一句至理名言，即，一个人干一件好事容易，一辈子干好事不容易。其实这里揭示的就是动力在一个人持续某种行为中的作用。动力充足，做事方能不畏困难艰险，始终如一；动力不足，做事往往初一十五不一样，甚至半途而废。领导干部担当作为能够坚持不懈，必须有强劲的动力。这种动力来源主要有两个，一是外在的、物质方面的因素，如金钱、财富、提拔重用等，这都属于外在激励因素，能够为领导干部担当作为提供强大的外在动力。这是被唯物主义基本原理所揭示的客观真理，党组织不能忽视，也从来没有忽视过。但这种外在激励因素总是有限的，领导干部不能只盯着金钱、财富、提拔重用。事实上，共产党人成为高尚的人，脱离了低级趣味的人，往往在于其淡泊名利，强烈追求精神方面的激励。这就是领导干部担当作为的第二个方面的动力来源，即内在激励因素。心中有党、心中有民、心中有责、心中有戒，坚定理想信念，崇尚无私奉献，这些都是共产党人的优秀品质，是领导干部担当作为的强大内在动力源泉。其中，共产主义理想和中国特色社会主义四个自信是共产党人的政治灵魂，是其担当作为的精神支柱。习近平同志指出，理想信念是共产党人精神上的钙。领导干部信念如磐、意志如铁、勇往直前，遇到挫折撑得住，关键时刻顶得住，扛得了重活，打得了硬仗，经得住磨难。

（五）领导干部敢担当善作为需要营造良好的政治生态环境

政治生态污浊，从政环境就恶劣；政治生态清明，从政环境就优良。政治生态直接关系每一个干部的政治生活和政治生命，也是党长期执政、国家长治久安的基础条件。习近平同志强调，"做好各方面工作，必须有一个良好政治生态"，要在党内形成"清清爽爽的同志关系，规规矩矩的上下级关系"。党的十八大以来，以习近平同志为核心的党中央，吸收古今中外政治文明成果，不忘本来、吸收外来、面向未来，不断培厚良好政治生态的土壤，改善政治生态环境。

第一，建设先进的、健康的、富有生机活力的党内政治文化。党内政治文化从深层次上决定着党内政治生态。政治文化是社会的政治关系、政治过程、政治制度、政治活动等在人们精神领域的反映，是一定的社会主体对于政治问题的认识、态度和价值取向，主要由政治心理、政治思想、政治态度和政治行为构成。政治文化既渗透社会生活的各个方面，也存在于政党生活的内部。一个政党的指导思想、奋斗目标、路线纲领、制度规范、思维方式、价值观念、精神状态、作风习惯等，都属于政治文化范畴。由于这种政治文化是在政党组织内部存在和发挥作用，所以可称之为党内政治文化。党的建设、干部成长中无不蕴含着党内政治文化因素，全都受到党内政治文化的影响和制约，体现着党内政治文化思想和文化风格。因此，习近平同志强调，要注重加强党内政治文化建设，不断培厚良好政治生态的土壤。

第二，为敢于担当者提供舞台。"真正把那些想干事、能干事、敢担当、善作为的优秀干部选拔到各级领导班子中来"。重用那些在大是大非面前敢于坚持原则和真理的人，在困难面前勇挑重担的人，解决难题有思路有办法的人，敢为人先、开拓创新并卓有成效的人，"让埋头苦干、真抓实干的干部真正得到重用、充分施展才华，让作风漂浮、哗众取宠的干部无以表功、受到贬责"。习近平同志强调，要让有为者有位、吃苦者吃香、流汗流血牺牲者流芳。"对那些勇担当、有本事、坚持原则、不怕得罪人、个性鲜明的干部，往往会出现认识不尽一致的情况，组织上一定要为他们说公道话。"在其遇到挫折时给予帮助、失落失意时给予温暖、受到排挤时给予支持，让敢于担当的干部得到鼓励、保护和褒奖，得到赏识、提拔和重用。

第三，为敢于担当者撑腰鼓劲。"干事业总是有风险的，不能期望每一项工作只成功不失败"，"要允许试错"。习近平同志明确要求落实"三个区分开来"，即，把干部在推进改革中因缺乏经验、先行先试出现的失误和错误，同明知故犯的违纪违法行为区分开来；把上级尚无明确限制的探索性试验中的失误和错误，同上级明令禁止后依然我行我素的违纪违法行为区分开来；把为推动发展的无意过失，同为谋取私利的违纪违法行为区分开来。要保护那些作风正派又敢作敢为、锐意进取的干部。2018年5月，中央出台《关于进一步激励广大干部新时代新担当新作为的意见》，就是从制度设计上宽容干部在担当作为中的失误和错误，旗帜鲜明为那些敢于担当、踏实做事、不谋私利的干部撑腰鼓劲，从而激励广大干部敢于担当、依法作为。

第四，坚持对领导干部的严管和厚爱结合、激励和约束并重。适应新时代新任务新要求，完善干部考核评价机制，强化考核结果分析运用，切实解决表态多调门高、行动少落实差等突出问题，警醒惩戒慢作为、不作为、乱作为；对敢担当善作为的干部政治上激励、工作上支持、待遇上保障、心理上关怀，主动排忧解难，让他们安心、安身、安业，增强荣誉感、归属感、获得感，更好履职奉献。同时，严肃查处诬告陷害行为，及时为受到不实反映的干部澄清正名、消除顾虑，做到不袒护有问题的干部，不耽误没问题的干部，使干部专心致志为党和人民干事创业、建功立业。

三、政治过硬，本领高强

领导13亿多人的社会主义大国，我们党既要政治过硬，也要本领高强。

（一）政治过硬是前提

选人用人，要执行党在新时代的组织路线，要坚持好干部标准，把政治标准放在第一位。习近平在2018年全国组织工作会议的讲话中强调，政治标准是硬杠杠。这一条不过关，其他都不过关。如果政治不合格，能耐再大也不能用。政治上有问题的人，能力越强、职位越高，危害就越大。司马光说："君子挟才以为善，小人挟才以为恶。挟才以为善者，善无不至矣；挟才以为恶者，恶亦无不至矣"，"自古昔以来，国之乱臣、家之败子，才有余而德不足，以至于颠覆者多矣"。我们党选用的干部必须是政治上过得硬、靠得住的干部。习近平指出："政治问题有的是灵魂深处的东西，特别是政治上的两面人，有很强的隐蔽性和迷惑性，识别起来确实比较难，但也不是不能发现。'审其所好恶，则其长短可知也；观其交游，则其贤不肖可察也。'要透过现象看本质，既听其言、更观其行，既察其表、更析其里，看政治忠诚，看政治定力，看政治担当，看政治能力，看政治自律。"

政治过硬要牢固树立政治意识、大局意识、核心意识、看齐意识。

政治过硬要坚定中国特色社会主义道路自信、理论自信、制度自信、文化自信。

政治过硬要坚决维护以习近平同志为核心的党中央权威和集中统一领导。自觉在思想上政治上行动上同党中央保持高度一致。党的各级组织、全体党员特别是高级干部都要向党中央看齐，向党的理论和路线方针政策看齐，向党中央决策部署看齐，做到党中央提倡的坚决响应、党中央决定的坚决执行、党中央禁止的坚决不做。

政治过硬要全面贯彻执行党的理论和路线方针政策。坚定不移贯彻执行党在社会主义初级阶段"一个中心，两个基本点"的基本路线。即：领导和团结全国各族人民，以经济建设为中心，坚持四项基本原则，坚持改革开放，自力更生，艰苦创业，为把我国建设成为富强民主文明和谐美丽的社会主义现代化强国而奋斗。

政治过硬必须积极贯彻落实党中央重大决策部署。具体体现到自己的全部工作中去，决不能表面上喊着同党中央保持一致、实际上没当回事，更不能违背党中央大政方针各自为政、自行其是。

政治过硬要对党忠诚、个人干净、敢于担当。对党忠诚是忠于谁？这个问题我们党向来不含糊。在1980年党的十一届五中全会通过的《关于党内政治生活的若干准则》2016年中明确规定：党员应该忠于党的组织和党的原则，忠于党和人民的事业，不应该效忠于某个人。习近平同志在2014年1月14日十八届中央纪委三次全会的讲话中强调，不能把党组织等同于领导干部个人，对党尽忠不是对领导干部个人尽忠，党内不能搞人身依附关系。干部都是党的干部，不是哪个人的家臣。

个人干净要做到"三严"，即严以修身、严以用权、严以律己，经得起权力、金钱、美色考验，用党和人民赋予的权力为人民服务。坚持公私分明、先公后私、克己奉公，带头保持谦虚、谨慎、不骄、不躁的作风，保持艰苦奋斗的作风，带头执行廉洁自律准则，自觉同特权思想和特权现象作斗争，拒腐蚀、永不沾，坚决同消极腐败现象作斗争，坚决抵制潜规则，自觉净化社交圈、生活圈、朋友圈，决不能把商品交换那一套搬到党内政治生活和工作中来。坚持有腐必反、有贪必肃，坚持"老虎""苍蝇"一起打，坚持无禁区、全覆盖、零容忍，党内决不允许有腐败分子藏身之地。

敢于担当就是要做到"三实"，即谋事要实、创业要实、做人要实，要增强政治担当、历史担当、责任担当，努力创造属于新时代的光辉业绩。政治担当就是坚持用习近平新时代中国特色社会主义思想武装干部头脑，对党忠诚、为党分忧、为党尽职、为民造福；历史担当就是深刻领会新时代、新思想、新矛盾、新目标提出的新要求，时不我待、只争朝夕、勇立潮头，改革创新、攻坚克难，不断锐意进取；责任担当就是不负党和人民重托，以守土有责、守土负责、守土尽责的责任担当，在其位、谋其政、干其事、求其效，努力作出无愧于时代、无愧于人民、无愧于历史的业绩。

政治过硬要把赢得民心作为最大的政治。习近平同志在2018年6月29日主持中央政治局第六次集体学习时指出，要紧扣民心这个最大的政治，把赢得民心民意、汇集民智民力作为重要着力点。要站稳人民立场，贯彻党的群众路线，同人民想在一起、干在一起，坚决反对"四风"特别是形式主义、官僚主义，始终保持党同人民群众的血肉联系。要锐意进取、奋发有为，把精力和心思用在稳增长、促改革、调结构、惠民生、防风险上，用在破难题、克难关、着力解决人民群众最关心最直接最现实的利益问题上。

（二）政治过硬要通过本领高强来体现

政治过硬要通过本领高强来体现。否则，就会出现"表态多调门高、行动少落实差"，就很容易把政治过硬变成空洞的口号，甚至是骗人的卑鄙政治伎俩。

做到本领高强，必须全面增强新时代党的执政本领。党的十九大提出，新时代完成新任务，全党要增强执政本领，重点增强学习本领、政治领导本领、改革创新本领、科学发展本领、依法执政本领、群众工作本领、狠抓落实本领和驾驭风险本领。

如何增强新时代党的执政本领？本书按照党的十九大报告精神，分八讲展开阐述。

第一讲：增强学习本领。本章的主要内容如下：

在新时代，由于国际大局的变动和国内大局的发展，我们党面临大量新情况、新问题。对此，要正确认识和解决，必须增强全党的学习本领。中国共产党人依靠学习走到今天，也必然要依靠学习走向未来。只有加强学习，提高学习力，才能增长见识、开拓视野、把握规律，增强工作的科学性、预见性、主动性，使党的领导和决策体现时代性、把握规律性、富于创造性，避免陷入"少知而迷、无知而乱"的困境，解决本领不足、本领恐慌、本领落后的问题，避免"盲人骑瞎马，夜半临深池"。

纵览中国共产党党史，全党的学习与党波澜壮阔的历史进程同步。

建设学习型政党是中国共产党的一种主体自觉。2009年9月，党的十七届四中全会首次提出要"把建设马克思主义学习型政党作为重大而紧迫的战略任务抓紧抓好"。党的十八大以来，以习近平同志为核心的党中央高度重视全党尤其是领导干部的学习问题。强调"好学才能上进"。我们的干部要上进，我们的党要上进，我们的国家要上进，我们的民族要上进，就必须大兴学习之风，坚持学习、学习、再学习，坚持实践、实践、再实践。全党同志特别是各级领导干部都要有加强学习的紧迫感，都要一刻不停地增强本领。党的十八届中央不仅坚持中央政治政治局集体学习制度，还出台了《中国共产党党委（党组）理论学习中心组学习规则》，并于2017年1月30日正式施行。党中央以上率下，使学习在全党蔚然成风。党的十九大报告明确指出，在全党营造善于学习、勇于实践的浓厚氛围，建设马克思主义学习型政党，推动建设学习大国。

要认真学习党史、国史，知史爱党，知史爱国。对于经济、政治、历史、文化、社会、科技、军事、外交等方面的知识，要结合工作需要来学习，以学益智，以学修身，不断提高自己的知识化、专业化水平。要坚持干什么学什么、缺什么补什么，有针对性地学习掌握做好领导工作、履行岗位职责所必备的各种知识，努力使自己真正成为行家里手、内行领导。

此外，还要研究和借鉴世界各国一切科学的新经验、新思想、新成果。邓小平指出，"搞现代化建设，我们既缺少经验，又缺少知识。""光凭自己的经验和教训还解决不了问题"，还"要吸收国际的经验"，要"大胆吸收和借鉴人类社会创造的一切文明成果，吸收和借鉴当今世界各国包括资本主义发达国家的一切反映现代社会化生产规律的先进经营方式、管理方法"。

领导干部是带领人民实现中国梦的骨干力量，担负着党和人民交付的职责，因此，学习不学习不仅仅是自己的事情，本领大小也不仅仅是自己的事情，而是关乎党和国家事业发展的大事情。这也就是古人所说的"学者非必为仕，而仕者必为学"。

本章特别回应的现实问题：领导干部"工作太忙""看不懂"而放松学习的问题。

介绍了毛泽东给出的解决方案：工作忙就要"挤"，看不懂就要"钻"，真学、真懂了，才能真信真用。介绍了习近平同志给出的解决方案：一是要端正学习态度，把学习放在很重要的位置上，渴望学习。二是把学习作为一种追求、一种爱好、一种健康的生活方式，做到好学乐学。三是善于挤时间学习。"领导干部哪怕一天挤出半小时，即使读几页书，只要坚持下去，必定会积少成多、积沙成塔，积跬步以至千里。"总结了领导干部的成功经验：把握学习方法，提高学习效果。即正确把握学习的方向；有选择地学习；向实践学习，拜人民为师，"放下架子、扑下身子、接地气、通下情"；有计划地学习；以用促学；树立终身学习观念。

第二讲：增强政治领导本领。本章的主要内容如下：

讲政治就是坚持从党和国家大局思考和处理问题，坚持从政治上着眼、从政治上审视、从政治上分析和解决治国理政中存在的突出问题。旗帜鲜明讲政治是党战胜艰难险阻、不断取得胜利的优良传统和重要法宝。政治领导本领是党员领导干部的立身之本、为政之要。领导干部要不断增强政治领导本领，头脑清醒、立场坚定，具有敏锐的政治洞察力、鉴别力、判断力和政治定力，面对大是大非敢于亮剑、面对矛盾敢于迎难而上、面对危机敢于挺身而出、面对失误敢于担责、面对歪风邪气敢于坚决斗争。

党的干部要注重增强政治领导本领，头脑特别清醒、眼睛特别明亮、态度特别鲜明、行动特别自觉，牢固树立政治理想，正确把握政治方向，坚定站稳政治立场，严格遵守政治纪律，严肃党内政治生活，加强政治历练，积累政治经验，自觉把讲政治贯穿于党性锻炼全过程。

增强政治领导本领，全党要维护党中央权威和集中统一领导，对党中央在思想上高度认同，政治上坚决维护，组织上自觉服从，行动上紧紧跟随。要在政治立场、政治方向、政治原则、政治道路上同党中央保持高度一致。要科学制定和坚决执行党的路线方针政策，这是党领导一切的政治原则得以落实的载体。各级党组织和全体党员都要不折不扣贯彻落实党的路线方针政策和中央重大决策部署，"不用扬鞭自奋蹄"。党的基层组织是确保党的路线方针政策和决策部署贯彻落实的基础。要以提升组织力为重点，突出政治功能，不断加强基层党组织建设，发挥共产党员先锋模范作用，让党员在生产、工作、学习和一切社会活动中，发挥好带头作用、骨干作用和桥梁作用。

坚持战略思维、创新思维、辩证思维、法治思维、底线思维。即：坚持战略思维谋求全局、把握趋势，避免陷于具体事务，一叶障目，做到大事不糊涂，目标不漂移，始终不畏浮云遮望眼；坚持创新思维谋求发展，勇于打破常规，积极开拓，不断进取，致力于解决根本性、全局性、长远性问题；坚持辩证思维谋求抓住根本，在成绩面前看到不足，在失败中看到希望，调动一切积极因素，化解消极因素，统筹兼顾，不偏废，不偏激，不简单化、绝对化；坚持法治思维谋求善治，依法治国、依法执政、依法行政一体推进；坚持底线思维，谋求改革发展的主动。要居安思危、未雨绸缪，要始终坚守道德底线、严守纪律高压线，远离法律红线。

本章特别回应的现实问题：什么是党的路线方针政策及其作用。

详细介绍了什么是党的路线方针政策及其在实现中国梦中的作用。介绍了什么是党的总路线、党的基本路线、党的思想路线、党的组织路线、党的群众路线，对党的总路线与"基本路线"的关系，及其与党的思想路线、组织路线、群众路线的关系进行了详细阐述。

第三讲：增强改革创新本领。 本章的主要内容如下：

"唯改革者进，唯创新者强，唯改革创新者胜。"党的事业越发展，新情况新问题越会层出不穷，要应对的重大挑战、抵御的重大风险、克服的重大阻力、解决的重大问题越来越多，更需要我们党增强改革创新本领。

解放思想、锐意进取。

解放思想，就是使思想和实际相符合，使主观和客观相符合，就是实事求是。解放思想是改革创新的关键。面对未来，在实现中华民族伟大复兴的中国梦的新目标过程中，思想解放，不仅是"头脑风暴"，更是全党实际工作，是积极作为、主动作为。习近平同志强调，解放思想永无止境。

牢牢把握我国社会主要矛盾转化，创造性推动工作。要善于运用互联网技术和信息化手段开展工作。

网络的诞生，让人类的生活更便捷和丰富，促进了全球人类社会的进步。随着互联网在全球范围内的扩展，中国互联网快速发展，人们的沟通深度、密切度和可信度都得到了进一步的提升。互联网在经济、政治、文化和社会生活、社会治理中扮演着日益重要的角色。我国互联网和信息化工作取得了显著发展成就，网络走入千家万户，网民数量世界第一，我国已成为网络大国。互联网时代不期而至，这对党组织和党员个人都提出了新的挑战和新的要求。

善于运用互联网技术，这不仅是一个具体技术问题，而且是一场思想革命和社会进步。

面对互联网技术和信息化手段，中国共产党人要因势利导，不能置之度外。广大党员干部要敢触网，不断学网、懂网、用网，运用网络了解民意、开展工作，用信息化手段更好地感知社会态势、拓宽沟通渠道、辅助决策施政。习近平同志指出，网民来自老百姓，老百姓上了网，民意也就上了网。群众在哪儿，我们的领导干部就要到哪儿去。各级党政机关和领导干部要学会通过网络走群众路线，经常上网看看，了解群众所思所愿，收集好想法好建议，积极回应网民关切、解疑释惑。要善于运用互联网技术，不断提高对互联网发展规律的认识和运用能力、对网络舆论的引导能力、对网络空间中的消极因素的控制能力、对网络安全的保障能力。

领导干部要树立互联网思维。在互联网、大数据、云计算等科技不断发展的背景下，对政治发展、对社会管理、对市场、对企业价值链、对整个商业生态进行重新审视。

本章特别回应的现实问题：解放思想与统一思想的关系。

解放思想，就是使思想和实际相符合、使主观和客观相符合。解放思想有其基本特点：一是创新性，对原来的不符合变化了的实际的思想给予否定；二是颠覆性，对错误的思想进行自我否定；三是包容性，允许不同的思想交流、交锋；

四是开放性，人类的认知水平总是有局限的，思想必然有一个不断进化、自我扩充过程；五是平等性，不能以思想者社会地位不同区分思想的正误。自由的思想、自由地表达思想，有的正确、有的错误，最后只有适合人类需求或社会发展的那部分才被实践，并且只有经过实践检验的才会被广泛传播，被广泛接受，这才有了今天不断发展的物质文明，才有了现代民主政治，才有了长期繁荣、稳定的社会。

统一思想，是为实现某种目标、为众人统一步调、统一行动而达成的思想一致。统一思想不是禁锢思想，不是要造成思想僵化、思想保守、思想停滞的局面，而是要克服思想观念上的分散主义、自由主义，更好地贯彻民主集中制，增进思想上的共识，促进行动上的共为，在尊重多样性的基础上统一意志，用共产主义远大理想和中国特色社会主义共同理想统一全党前进方向，用"两个一百年"奋斗目标凝聚人心，用习近平新时代中国特色社会主义思想统一思想、指导实践、推动工作。

解放思想与统一思想二者主题一致，都围绕中国特色社会主义建设来展开，贯穿于中国特色社会主义理论体系形成和发展的全过程；精髓一致，都是实事求是；目的一致，都是推动中国特色社会主义伟大事业，实现中华民族伟大复兴。

第四讲：增强科学发展本领。本章的主要内容如下：

发展是党执政兴国的第一要务，发展是解决我国一切问题的基础和关键，发展必须是科学发展。科学发展是经济社会全面、协调、可持续发展。

科学发展要贯彻创新发展理念。创新发展理念注重的是发展动力问题，是把创新摆在国家发展全局的核心位置，让创新贯穿于党和国家一切工作之中，使创新成为推动发展的强大动力，使人才成为发展的第一资源，不断提高发展质量和效益。

科学发展要贯彻协调发展理念。协调是指和谐、统筹、均衡，配合得当，是尊重客观规律，保持事物间关系的理想状态或实现这种理想状态的过程。协调发展就是要统筹城乡发展、统筹区域发展、统筹经济社会发展、统筹人与自然和谐发展、统筹国内发展和对外开放，推进生产力和生产关系、经济基础和上层建筑相协调，推进经济、政治、文化、社会、生态文明建设的各个环节、各个方面相协调。

科学发展要贯彻绿色发展理念。绿色发展是在传统发展基础上以效率、和谐、持续为目标的经济增长和社会发展，是建立在生态环境容量和资源承载力的约束条件下，将环境保护作为实现可持续发展重要支柱的一种新型发展模式。绿色发展把环境资源作为社会经济发展的内在要素；把实现经济、社会和环境的可持续发展作为绿色发展的目标；把经济活动过程和结果的"绿色化""生态化"作为绿色发展的主要内容和途径。主要从节能减排及污染物治理的角度测度科技创新对绿色发展的作用。

绿色发展理念以人与自然和谐为价值取向。在新时代，贯彻绿色发展理念要加快转变发展方式，改变过多依赖增加物质资源消耗、低成本扩张、高能耗高排放的发展模式，要树立和践行绿水青山就是金山银山的理念，推广绿色消费，尊重自然、顺应自然、保护自然，实现人与自然和谐共生。

把生态文明建设纳入中国特色社会主义事业总体布局之中，推进生态文明建设，建设美丽中国，实现中华民族永续发展是党的神圣使命，是党对人民的庄严承诺。

科学发展要贯彻开放发展理念。改革开放是决定当代中国命运的关键一招，也是决定实现"两个一百年"奋斗目标、实现中华民族伟大复兴中国梦的关键一招。中国过去40年的经济发展是在开放条件下取得的，未来中国经济实现高质量发展也必须在更加开放条件下进行。基于对经济全球化历史潮流不可逆转的判断，基于中国发展需要，党的十九大作出开放和改革的战略选择，强调坚持对外开放的基本国策，坚持打开国门搞建设。

"开放带来进步，封闭必然落后。"这既是当代世界经济全球化发展趋势的科学概括，也是新中国成立以来经济发展和对外开放实践经验的科学总结。当今世界已经成为你中有我、我中有你的地球村，各国经济社会发展日益相互联系、相互影响，推进互联互通、加快融合发展成为促进共同繁荣发展的必然选择。

贯彻开放发展理念，要更加注重解决发展内外联动问题。发展更高层次的开放型经济，积极参与全球经济治理和公共产品供给，构建人类命运共同体，形成深度融合的互利合作格局，实现中国发展与世界发展的更好互动。要扩大视野，招揽人才，引领发展、聚力发展。扩大开放，引进先进技术、优质资本。扩大交流合作，加强在政治、经济、文化、社会、生态五大领域的国内协调与国际合作。

科学发展要贯彻共享发展理念。要坚持以人民为中心的发展思想，把创新发展、协调发展、绿色发展、开放发展的合规律性与共享发展的合目的性有机统一起来，增进13亿多中国人的福祉、促进人的全面发展、维护社会公平正义、朝着共同富裕方向稳步前进。

维护公平正义，要以推进扶贫脱贫、缩小收入差距为抓手。"我们到时候不能一边宣布全面建成了小康社会，另一边还有几千万人口的生活水平处在扶贫标准线以下。"要以推进区域、城乡基本公共服务均等化为保障。要着眼全体人民，从解决人民群众最关心最直接最现实的利益问题入手，完善基本公共服务体系，努力实现基本公共服务全覆盖，让全体人民普遍受惠。

本章特别回应的现实问题：共享不是搞平均主义。幸福生活等不来。

共享承认差距。承认差距，才能激发活力，才能促进发展，在发展中才能更好地保障和改善民生，保证全体人民在共建共享发展中有更多获得感，不断促进人的全面发展和全体人民的共同富裕。

共享不是坐享其成，不是不劳而获，共享必须共建。幸福是奋斗出来的，不是谁恩赐的，也没有谁能够恩赐中国人民以幸福美好生活。

第五讲：增强依法执政本领。本章的主要内容如下：

依法治国是党领导人民治理国家的基本方略；法治是党治国理政的基本方式；依法执政是党执政的基本方式。党要坚持党领导立法、保证执法、支持司法、带头守法。

领导立法就是要加强党对立法工作的领导，推进科学立法、民主立法。为了加强党对立法工作的领导，必须完善党对立法工作中重大问题决策的程序。"凡立法涉及重大体制和重大政策调整的，必须报党中央讨论决定。党中央向全国人大提出宪法修改建议，依照宪法规定的程序进行宪法修改。法律制定和修改的重大问题由全国人大常委会党组向党中央报告。"保证执法就是党的各级组织要督促和支持国家机关依法行使职权，依法推动各项工作的开展，切实维护公民的合法权益。支持司法就是党的各级组织要支持人民法院、人民检察院依法独立公正地行使审判权、检察权。带头守法就是各级党组织都要在宪法和法律范围内活动，全体党员都要模范遵守宪法和法律。

坚持用法治思维和法治方式谋划国家发展大计、破解改革难题，化解矛盾、维护稳定。各级领导机关和领导干部要提高运用法治思维和法治方式的能力，努力以法治凝聚改革共识、规范发展行为、促进矛盾化解、保障社会和谐。

增强依法执政本领必须完善党内法规制度体系。全面从严治党是党依法执政的根本保证。全面从严治党，必须以党内法规为准绳。党内法规既是管党治党的重要依据，也是建设社会主义法治国家的有力保障。依法执政，既要求党依据宪法法律治国理政，也要求党依据党内法规管党治党。完善的党内法规体系是中国特色社会主义法治体系的有机组成部分，又为建设法治中国保驾护航。1978年12月13日，邓小平在中央工作会议闭幕会上强调指出："没有党规党法，国法就很难保障。"

党章、准则、条例、规则、规定、办法、细则七类党内法规和党的决议、决定、意见、通知四类党内规范性文件相得益彰，共同构成党内法规制度体系。截至党的十九大召开，中共现有在全党层面上生效的、成文的党内法规和规范性文件500多件，包括2014年11月完成对新中国成立到2012年6月期间出台的党内法规和规范性文件清理之后，保留下来继续有效的487件（其中42件继续有效但需要修订），也包括党的十八以来，截至党的十九大召开这期间新出台和新修订的90件。这构成了一张严密的党内法规制度之网，用以规范执政党依法执政，规范党的组织及其相互关系，规范党员的权利、义务，保障国家法制的统一，推进法治国家、法治政府和法治社会的一体建设，实现依法治国和依规治党有机统一。

在完善党内法规体系的同时，不断健全党内法规执行机制。要严格落实党章党规的各项规定。坚持有规必依、执规必严、违规必究，加大党内法规执行力度，维护党内法规制度的严肃性和权威性，切实做到法规制度面前人人平等、遵守法规制度没有特权、执行法规制度没有例外，坚决防止出现"破窗效应"。要认真学习党章，严格遵守党章，维护党章在党内法规体系中的最高权威地位。

加强和改善党对国家政权机关的领导，这是党执政的最基本体现，是党实现党的执政意图的最基本途径。党的领导是"把方向、谋大局、定政策、促改革"，是在国家一切事务中"总揽全局，协调各方"，保证国家的立法、司法、行政、监察机关，经济、文化组织和人民团体积极主动地、独立负责地、协调一致地工作。

加强和改善党对国家政权机关的领导，概括起来，就是

"三个统一"和"四个善于"。即把依法治国基本方略同依法执政基本方式统一起来；把党总揽全局、协调各方同人大、政府、政协、审判机关、检察机关、监察机关依法履行职能、开展工作统一起来；把党领导人民制定和实施宪法法律同党坚持在宪法法律范围内活动统一起来。善于使党的主张通过法定程序成为国家意志；善于使党组织推荐的人选成为国家政权机关的领导人员；善于通过国家政权机关实施党对国家和社会的领导；善于运用民主集中制原则维护中央权威和集中统一领导，维护全党全国团结统一。

本章特别回应的现实问题：党的领导和法治的关系、党的政策与法律的关系。

党的领导与法治二者的关系是依法执政的核心。二者是一致的，相互依存。社会主义法治必须坚持党的领导，党的领导必须依靠社会主义法治。

要正确处理党的政策和国家法律的关系。我们党的政策和国家法律都是人民根本意志的反映，在本质上是一致的，都是党领导人民治理国家的重要方式，又都以各自独有的表现形式、作用范围、效力支撑而有着不同的特点和优势。我们要自觉维护党的政策和国家法律的权威性，确保党的政策和国家法律得到统一正确实施。党的政策与国家法律要协调一致地发展，党的方针、政策的制定要符合宪法和法律。

第六讲：增强群众工作本领。本章主要内容如下：

党的群众工作，是我们党依据人民群众是创造社会历史的根本动力的历史唯物主义原理，宣传、发动、教育和组织人民群众为实现中华民族伟大复兴中国梦而不懈奋斗的基础性工作,是维护人民群众利益、凝聚人民群众力量、激发人民群众积极性主动性创造性的工作,是党关心群众、服务群众、教育群众的载体。习近平同志指出:"党的全部执政活动,离不开强有力的群众工作。"①

我们党的根基在人民、力量在人民。有群众观念,走群众路线,站稳人民立场,这体现了马克思主义唯物史观,体现了党对人民创造历史的地位和作用的深刻认识、对人类社会发展规律的科学把握、对保持党的先进性纯洁性的坚定追求,是马克思主义政党区别于其他政党的显著标志。党的十九大报告强调:人民是决定党和国家前途命运的根本力量,并将坚持以人民为中心确立为新时代中国特色社会主义的基本方略。近百年来,党之所以能取得革命、建设、改革的一个又一个胜利,根本原因就是党充分发动群众、依靠群众。新时代,党面临的风险挑战前所未有,人民对美好生活的向往前所未有。各级领导干部要始终坚持以人民为中心的发展思想,坚持人民的主体地位,把人民对美好生活的向往作为奋斗目标,依靠人民创造历史伟业。

人心向背事关党的事业兴衰成败和党的生死存亡。赢得民心必须把人民放在心中最高位置。在任何时候都要同群众同甘共苦,保持最密切的联系,真正做到权为民所用、情为民所系、利为民所谋,全心全意为人民服务。赢得群众必须坚定不移走群众路线,即一切为了群众,一切依靠群众,从

---

① 《习近平同志在省部级主要领导干部社会管理及其创新专题研讨班结业式上的讲话》,《人民日报》2012年2月24日。

群众中来,到群众中去,把党的正确主张变为群众的自觉行动。要"时刻把群众安危冷暖放在心上,及时准确了解群众所思、所盼、所忧、所急,把群众工作做实、做深、做细、做透"①。赢得群众,全党必须坚决反对形式主义、官僚主义、享乐主义和奢靡之风,强化党的宗旨意识,重塑党在群众中的光辉形象。

新时代,做好群众工作,要组织、宣传、引导、服务、教育群众,做好新时代群众信访工作,充分发挥广大人民群众建设中国特色社会主义的积极性、主动性、创造性。

创新群众工作的方式方法,完善群众工作的体制机制,将群众工作做到细处、落到实处。要深入调查研究,要善于运用法治思维和法治方式做好群众工作,要善于借助互联网、大数据等信息化手段,走好"网上群众路线"。要完善群众工作的体制机制,实现群众工作的规范化、程序化、长效化。各级党委、人大、政府、政协和工会、共青团、妇联等人民团体都要高度重视和主动开展群众工作,同时要支持统一战线各界人士、城乡基层自治组织、企事业单位、社会团体、行业组织、社会中介组织等共同做群众工作,形成工作合力,不断开创群众工作新局面,打造全民参与的共建共治共享的社会治理格局。

增强工会、共青团、妇联等群团组织的政治性、先进性、群众性,探索新时代群团组织工作的有效方式方法,发挥工

---

① 习近平:《全面贯彻落实党的十八大精神要突出抓好六个方面工作》,《求是》2013年第1期。

会、共青团、妇联等群团组织党联系群众的桥梁和纽带作用，保证党始终同广大人民群众同呼吸、共命运、心连心，最大限度把人民群众团结在党的周围，夯实党执政治国的群众基础，凝聚起实现"两个一百年"奋斗目标、实现中华民族伟大复兴中国梦的磅礴力量。

党的各级组织、全体党员特别是领导干部必须提高做群众工作的能力，既服务群众，又带领群众坚定不移贯彻落实党的理论和路线方针政策，把党的主张变为群众的自觉行动，引领群众听党话、跟党走。

党的群众工作的成败得失要由人民群众来检验、来评判。习近平同志指出，时代是出卷人，我们是答卷人，人民是阅卷人。

本章特别回应的现实问题：服务群众的同时要教育群众懂理守法、感恩，不能一味迁就。

针对群众维护自身合法权利和利益与无限索取倾向并存，要教育群众懂理、守法、感恩，把个人利益与整体利益、局部利益与全局利益、眼前利益与长远利益结合起来。不能不劳而获、无限索取，不能违法缠闹或巧取豪夺。

信访工作是新时代群众工作的重要内容。要支持信访人通过信访正当维权，不能简单粗暴地以"少数服从多数""小局服从大局"来阻止或压制信访人的正当维权。

第七讲：增强狠抓落实本领。本章的主要内容如下：

一分部署，九分落实。没有落实，再伟大的梦想也是镜花水月。

实干是共产党人的政治品质。空谈误国，实干兴邦。党的事业只有实干才能不断推进。

以完善的制度确保落实。抓落实要坚持和创新学习制度，增强政治责任和战略定力，提高落实的有效性；要完善和坚持党的干部选拔任用工作制度，让善于抓落实的干部有舞台；要建立有效的监督制度，让落实不力的干部有压力；要强化督察职能，健全督察机制，进一步促进落实，使领导干部"干在实处、走在前列"；建立激励机制和容错纠错机制，让抓落实的干部有组织撑腰；完善干部考核评价机制，让狠抓落实的干部得到正向激励；完善责任追究制度，让抓落实不力的干部得到教训和警示。

探索正确的思路、科学的方法。坚持说实话、谋实事、出实招、求实效；坚持雷厉风行和久久为功相结合；坚持求真务实与真抓实干相统一；遇到困难不退缩，敢于迎难而上，攻坚克难；强化督查，形成抓落实的常态。

本章特别回应的现实问题：表态多调门高、行动少落实差。

力戒形式主义、官僚主义。强化考核结果分析运用，将其作为干部选拔任用、评先奖优、问责追责的重要依据，使政治坚定、奋发有为的干部得到褒奖和鼓励，使慢作为、不作为、乱作为的干部受到警醒和惩戒。

第八讲：增强驾驭风险本领。本章主要内容如下：

实现中华民族伟大复兴，全党必须准备付出更为艰巨、更为艰苦的努力。在新时代新征程上，我们党面临许多风险与考验。我们要更加自觉地防范各种风险，坚决战胜一切在政治、经济、文化、社会等领域和自然界出现的困难和挑战，坚决打好防范化解重大风险、精准脱贫、污染防治的攻坚战。

增强驾驭本领要健全防控风险的长效机制。这是增强驾驭风险本领，有效防范化解重大风险挑战的根本保障。要健全完善风险应急防控机制、风险跟踪预警机制、风险防控责任追究机制。

制度的生命力在于执行。措施再好、制度再完善，不执行也是镜花水月。习近平同志指出，"最重要的是抓好落实，言必行、行必果"①，要快速处置，控制危机后果。要做好危机信息管理工作，防止次生危机。危机信息管理工作是领导干部的一项重要工作，也是新时代领导干部必须具备的本领之一。做好危机信息管理工作，及时公布真实信息，有利于减轻或消除公众心理上的紧张与压力，有利于正确引导公众在风险和危机面前保持理性，不产生过激反应和行为，防止次生危机的产生，有利于领导者全民动员、群防群控，缩短危机周期。

改进工作作风，提高工作能力，降低风险防控成本。工作精益求精、作风踏踏实实，是从源头上防控风险的基础性要求，是增强驾驭风险本领的落脚点。据统计，天灾大多人力不可抗拒，但人祸往往可由默默地、踏实地工作最大限度避免。

提高领导干部的综合素质，提高专业化能力和水平，深

---

① 中央文献研究室：《深入推进党风廉政建设和反腐败斗争的思想武器和行动指南——学习〈习近平关于党风廉政建设和反腐败斗争论述摘编〉》，《人民日报》2015年1月26日。

入调查研究，掌握一手资料，做到问题了然于胸、风险防范于未然。坚决反对形式主义、官僚主义、享乐主义、奢靡之风，防范"四风"问题引发许多社会矛盾，造成许多工作漏洞和社会稳定隐患。

加强国际合作。风险具有扩散性，仅仅防范化解了本国、本地区的风险挑战就认为万事大吉的想法是错误的。我们要树立全球观念，摒弃冷战思维和零和博弈，推动构建人类命运共同体，加强对话协商，开展合作交流，共同应对人类文明发展进程中的风险挑战。

本章特别回应的现实问题：太平盛世，麻痹大意。

增强驾驭风险本领要树立居安思危的忧患意识。居安思危既是中华民族治国安邦的重要经验，也是增强驾驭风险本领的心理基础。

成立于民族危难之际的中国共产党始终保持着很强的居安思危忧患意识。领导干部在新时代完成新任务，要全面提升对各类风险的感知力、洞察力、预判力、把控力，增强忧患意识，做到居安思危、知危图安。

增强驾驭的本领，克服麻痹大意。要有知识、有见识、有责任担当精神。

增强执政本领是针对全党而言的，包括对党组织的要求、对党的干部的要求、对普通党员的要求。对党组织的要求，需要领导干部去落实；对党的干部的要求，需要领导干部去实践；对普通党员的要求，需要领导干部带头做到。

第一讲 增强学习本领

中国共产党人依靠学习走到今天，也必然要依靠学习走向未来。加强学习本领，提高学习力，增长见识、开拓视野、把握规律，增强工作的科学性、预见性、主动性，使党的领导和党的决策体现时代性、把握规律性、富于创造性；使领导干部避免陷入"少知而迷、无知而乱"的困境。领导干部是带领人民实现中国梦的骨干力量，担负着党和人民交付的职责，因此，学习不学习不仅仅是自己的事情，本领大小也不仅仅是自己的事情，而是关乎党和国家事业发展的大事情。"学者非必为仕，而仕者必为学。"领导干部工作忙就要"挤"，看不懂就要"钻"。要把学习作为一种追求、一种爱好、一种健康的生活方式，做到好学乐学，坚持下去，必定会积少成多、积沙成塔，积跬步以至千里。

在新时代，由于国际大局的变动和国内大局的发展，我们党在改革开放、发展社会主义市场经济过程中所面临的情况与一百多年前马克思主义诞生时的情况大不相同。中国的基本国情与诞生马克思主义的西方社会、与诞生列宁主义的俄国的情况大不相同。现在的中国与改革开放前不同，甚至与十多年前的中国也大不相同。我们党正面临着许多老问题，我们长期努力解决但还没有解决好的问题；面临大量新情况、新问题。其中有许多不仅是马克思、恩格斯、列宁、毛泽东没有遇到过的，甚至也是邓小平在世时没有出现过的。在实现中华民族伟大复兴中国梦的新征程上，我们党正确认识和解决好这些问题，必须增强学习本领。只有加强学习，提高学习力，才能增长见识、开拓视野、把握规律，增强工作的科学性、预见性、主动性，使党的领导和决策体现时代性、把握规律性、富于创造性，避免陷入"少知而迷、无知而乱"的困境，解决本领不足、本领恐慌、本领落后的问题，避免"盲人骑瞎马，夜半临深池"。党的十九大报告强调，增强学习本领，在全党营造善于学习、勇于实践的浓厚氛围，建设马克思主义学习型政党，推动建设学习大国。

一、中国共产党人依靠学习走到今天，也必然要依靠学习走向未来

我们党历来重视抓全党特别是领导干部的学习，这是推动党和人民事业发展的一条成功经验。在每一个重大转折时

期，面对新形势新任务，我们党总是号召全党同志加强学习。全党的学习对革命、建设和改革起着重要的先导作用，都能推动党和人民事业实现大发展大进步。

纵览中国共产党党史，党的学习与党波澜壮阔的历史进程同步。在建党初期，以"十月革命一声炮响，给我们送来了马克思主义"为标志，党在"向谁学、学什么"的问题上找到了突破口。我们党是在学习吸收马克思主义的过程中成立的，自成立起就自觉选择马克思主义作为光辉旗帜，把马克思主义作为行动指南，使党的全部理论建构和发展有了正确方向和科学的逻辑起点。从实践来看，党在学习马克思主义的过程中发展、壮大，中国革命的面貌随之焕然一新，从根本上结束了中华儿女救亡图存找不到出路的历史，开启了马克思主义政党在一个积贫积弱的东方大国带领人民改变国家和民族命运的伟大实践。党中央在延安的13年间，以毛泽东为主要代表的中国共产党人提出"马克思主义中国化"的命题，把"怎么学"的问题，摆在党的建设重要位置深刻批判了主观主义、教条主义的恶劣作风，号召全党树立理论联系实际的马克思主义学风。新中国成立后，我们党历来把加强学习作为一项关系党和国家事业兴旺发达的战略任务来对待、来倡导、来坚持。党的十一届三中全会把党的工作重心重新转移到经济建设上来，做出实行改革开放的重大决策，邓小平号召全党来一次重新学习。邓小平说，"搞建设这件事情比我们过去熟悉的搞革命那件事情来说要困难一些，至少不比搞革命容易。在这个问题上，我们全党还是小学生"，必须通过学习、吸收、再创新，走自己的路。

建设学习型政党是中国共产党的一种主体自觉。以胡锦涛同志为总书记的党中央为适应世情、国情、党情的深刻变化，更加强调学习的重要性，在继承和发扬党的三代中央领导集体重视学习、勤于学习、善于学习的优良传统的基础上，更加注重学习的制度建设，充分发挥制度根本性、全局性、稳定性和长期性的优势，更加有力地推动学习活动。党的十六大以来，中央政治局的集体学习制度化，中央政治局在全党学习活动中的率先垂范，对党的各级组织、各级领导干部和全体党员具有巨大的示范和带动作用，对推动建设学习型政党意义重大。

2002年12月26日，胡锦涛同志带领新一届中央政治局进行了第一次集体学习，胡锦涛同志在主持集体学习时指出："中央政治局经过讨论认为，为了适应党和国家事业发展的需要，为了更好地承担起党和人民所赋予的重任，我们必须进一步加强学习。除了自学以外，中央政治局还要进行集体学习。这要作为一项制度长期坚持"，"我们党要团结带领全国各族人民抓住机遇、迎接挑战、与时俱进、开拓创新，实现全面建设小康社会的宏伟目标，不断开创中国特色社会主义事业新局面，必须坚持把学习作为全党一项十分重要的任务，不断加强，不断推进"，"各级领导干部必须明白，现在社会各个方面的发展日新月异，人民群众的实践创造丰富多彩，不学习、不坚持学习、不刻苦学习，势必会落伍，势必难以胜任我们所肩负的重大职责，要做合格的领导者和管理者，必须大力加强学习，努力用人类社会创造的丰富知识来充实自己"。

2003年2月，胡锦涛同志在党的十六届二中全会上说："我们建立了中央政治局集体学习制度，并制定了今年全年的学习计划，基本上每月安排一次。"2004年9月，党的十六届四中全会在《中共中央关于加强党的执政能力建设的决定》中第一次以党的中央全会决定的方式提出"努力建设学习型政党"的要求，并强调"重点抓好领导干部的理论和业务学习，带动全党的学习"。2005年1月，胡锦涛同志在新时期保持共产党员先进性专题报告会上强调："勤奋学习，是共产党员增强党性、提高本领、做好工作的前提。"2008年12月，胡锦涛同志在纪念党的十一届三中全会召开30周年大会上指出："我们要增强学习的紧迫感和自觉性，刻苦学习马克思列宁主义、毛泽东思想特别是邓小平理论、'三个代表'重要思想以及科学发展观等重大战略思想。"2009年9月，党的十七届四中全会在《中共中央关于加强和改进新形势下党的建设若干重大问题的决定》中明确强调："不断学习、善于学习，努力掌握和运用一切科学的新思想、新知识、新经验，是党始终走在时代前列引领中国发展进步的决定性因素"，"把建设马克思主义学习型政党作为重大而紧迫的战略任务抓紧抓好"。2011年7月，胡锦涛同志在庆祝中国共产党成立九十周年大会上指出："全体党员、干部都要把学习作为一种精神追求。"

党的十六届、十七届中央政治局集体学习77次。纵观中央政治局历次集体学习，在学习主题上涉及经济、政治、法律、文化、社会、军事、党建等多个方面，内容广泛，针对性强，密切联系着党和国家事业发展的要求，突出关注了改革和发展中出现的新情况、新问题。

党的十八大以来，以习近平同志为核心的党中央高度重视全党尤其是领导干部的学习问题。2013年3月，习近平同志在中央党校建校80周年庆祝大会暨春季学期开学典礼上指出，当前，全党面临的一个重要课题，就是如何正确认识和妥善处理我国发展起来后不断出现的新情况新问题。唯一的途径就是增强我们自己的本领。"好学才能上进。中国共产党人依靠学习走到今天，也必然要依靠学习走向未来。"我们的干部要上进，我们的党要上进，我们的国家要上进，我们的民族要上进，就必须大兴学习之风，坚持学习、学习、再学习，坚持实践、实践、再实践。全党同志特别是各级领导干部都要有加强学习的紧迫感，都要一刻不停地增强本领。

在新时代，领导干部要不断提高自己、完善自己，经受住各种考验，就要坚持在读书学习中坚定理想信念、提高政治素养、锤炼道德操守、提升思想境界，坚持在读书学习中把握人生道理、领悟人生真谛、体会人生价值、实践人生追求。只有加强学习，才能增强工作的科学性、预见性、主动性，才能使领导决策体现时代性、把握规律性、富于创造性，避免陷入少知而迷、不知而盲、无知而乱的困境，才能克服本领不足、本领恐慌、本领落后的问题。

党的十八届中央不仅坚持中央政治政治局集体学习制度，还出台了《中国共产党党委（党组）理论学习中心组学习规则》，并于2017年1月30日正式施行。党中央以上率下，使学习在全党蔚然成风。

在实现"两个一百年"目标，实现中国梦的新征程中，我们目前正处在实现第一个百年目标的冲刺阶段，处在发展中的艰难转型期，许多新情况、新问题不断涌现，破解难题、加快发展的任务繁重而艰巨，党员干部不熟悉、不了解、不懂得的东西很多，在新的实践中加强学习、重新学习、继续学习，努力掌握和运用新思想、新知识、新经验，不断进行理论创新、实践创新、制度创新、文化创新，以及其他方面的创新，以适应发展需要，则更加迫切地需要学习。党的十九大报告明确指出，党既要政治过硬，又要本领高强，首先要增强学习本领，在全党营造善于学习、勇于实践的浓厚氛围，建设马克思主义学习型政党，推动建设学习大国。

正是由于不断学习和善于学习，党的领导能力和执政水平得到了不断提高，逐步探索出革命建设改革的成功道路，不断取得新的胜利。在新时代，全党同志一定要善于学习、善于重新学习，要有本领不够的危机感，以时不我待的精神，一刻不停地增强本领。只有全党本领不断增强了，"两个一百年"奋斗目标才能实现，中华民族伟大复兴的中国梦才能梦想成真。

二、好学才能上进

学习是共产党员的义务，是保持党员先进性，发挥先锋模范作用的重要条件。党领导建设中国特色社会主义事业，任务艰巨复杂，因此，需要学习的内容异常繁多。在党的十九大党章中，针对党在新时代完成新任务的要求，明确规定全体党员必须认真履行党员义务，认真学习马克思列宁主义、毛泽东思想、邓小平理论、"三个代表"重要思想、科学发展观、习近平新时代中国特色社会主义思想，学习党的路线、方针、政策和决议，学习党的基本知识，学习科学、文化、法律和业务知识，努力提高为人民服务的本领。

每个党员尤其是领导干部要根据自身具体实际情况，有针对性地学习掌握做好本职工作、履行岗位职责必备的新理论、新知识、新技能、新规则。既要抓住学习重点，也要注意拓展学习领域；既要向书本学习，也要向实践学习；既要向人民群众学习，向专家学者学习；既要在国内学习，也要向国外学习。

在新时代，着眼时代大势，着眼党情、国情和党的新使命，全党尤其是党员领导干部的学习必须切实服务党和国家发展大局，不断解决党和国家发展中的现实问题。2013年3月，习近平同志在中央党校建校80周年庆祝大会暨春季学期开学典礼上指出，"我们正在从事的中国特色社会主义事业是伟大而波澜壮阔的，是前人没有做过的。因此，我们的学习应该是全面的、系统的、富有探索精神的"，"同过去相比，我们今天学习的任务不是轻了，而是更重了"，要认真学习马克思主义理论，这是我们做好一切工作的看家本领，也是领导干部必须普遍掌握的工作制胜的看家本领。学习党的路线方针政策和国家法律法规，这是领导干部开展工作要做的基本准备，也是很重要的政治素养。要认真学习党史、国史，知史爱党，知史爱国。对于经济、政治、历史、文化、社会、科技、军事、外交等方面的知识，要结合工作需要来学习，以学益智，以学修身，不断提高自己的知识化、专业化水平。要坚持干什么学什么、缺什么补什么，有针对性地学习掌握做好领导工作、履行岗位职责所必备的各种知识，努力使自己真正成为行家里手、内行领导。

（一）学习政治理论，提升马克思主义理论水平

无论对党还是对党的干部来说，理论上的成熟是政治上成熟的基础。早在抗日战争初期，毛泽东曾经热切地期望我们党有一百个到二百个系统地而不是零碎地、实际地而不是空洞地学会了马克思列宁主义的同志，并指出，这样就可以大大提高我们党的战斗力量。当时，我们党只有几十万名党员。现在，我们党已经成为一个有8956.4万名党员，其中包含50多万名县处级以上领导干部、几千名高级干部、两百多名中央委员，领导着一个正在进行中国特色社会主义现代化建设的13亿多人口的大国，奋力实现党的十九大提出的战略目标，加强理论建设和理论武装，提升全党的马克思主义水平，更具有极为重要的意义。

学习党的理论，提升马克思主义理论水平，要努力在掌握理论的科学体系上下功夫。要认真学习马克思列宁主义、毛泽东思想、邓小平理论、"三个代表"重要思想、科学发展观、习近平新时代中国特色社会主义思想。要系统掌握马克思主义基本原理，把生产力和生产关系的矛盾运动同经济基础和上层建筑的矛盾作为一个整体来观察，不断适应社会生产力发展调整生产关系，不断适应经济基础发展完善上层建筑。正确理解事物矛盾运动，增强问题意识和坚持问题导向，

把握主要矛盾和次要矛盾、矛盾的主要方面和次要方面的关系，坚持重点论与两点论的统一，在化解矛盾、减少或解决冲突的过程中推动事物发展，正确处理局部与全局、数量与质量、速度与效益、当前与长远的关系，以系统性思维把握好"五位一体"总体布局和"四个全面"战略布局之间的关系。要努力把马克思主义立场、观点、方法学到手，作为自己的看家本领。学会用马克思主义立场、观点、方法观察问题、分析问题、解决问题，特别是要聚焦全面深化改革中的现实问题，不断深化对共产党执政规律、社会主义建设规律、人类社会发展规律的认识。

学习党的理论，提升马克思主义理论水平，尤其要学习习近平新时代中国特色社会主义思想。党的十八大以来，以习近平同志为主要代表的中国共产党人，顺应时代发展，从理论和实践结合上系统回答了新时代坚持和发展什么样的中国特色社会主义、怎样坚持和发展中国特色社会主义这个重大时代课题，创立了习近平新时代中国特色社会主义思想。习近平新时代中国特色社会主义思想是对马克思列宁主义、毛泽东思想、邓小平理论、"三个代表"重要思想、科学发展观的继承和发展，是马克思主义中国化最新成果，是党和人民实践经验和集体智慧的结晶，是中国特色社会主义理论体系的重要组成部分，是全党全国人民为实现中华民族伟大复兴而奋斗的行动指南。全党要长期坚持并不断发展习近平新时代中国特色社会主义思想，用以领导全国各族人民，统揽伟大斗争、伟大工程、伟大事业、伟大梦想，推动中国特色社会主义不断发展、中国梦梦想成真。

（二）学习党章党规，全面把握党的路线方针政策

党章是全党意志的体现，全党必须把学习贯彻党章作为学习贯彻党的十九大精神的重要内容，作为推进"两学一做"学习教育常态化制度化的重要举措，在全党形成自觉学习党章、严格遵守党章、坚决维护党章的良好局面，切实把党章要求贯彻到党的工作和党的建设全过程、各方面。其他党内法规如中央党内法规准则、条例，以及中央组织、中央纪委、中央部门制定的规则、规定、办法、细则，还有党内规范性文件，如党内的决议、决定、意见、通知等，都是党章的展开与具体化，是在全党层面上有约束力的党组织活动规范、工作规范，以及党员行为规范。只有认真学习，才能准确把握、切实执行，保证党的战斗力、凝聚力和生机活力。

学习党章党规要与学习党的路线、方针、政策相结合，全面贯彻党在社会主义初级阶段的"一个中心，两个基本点"的基本路线。党在社会主义初级阶段的基本路线是党和国家的生命线、人民的幸福线。全面贯彻执行党的基本路线，必须把以经济建设为中心同坚持四项基本原则、坚持改革开放这两个基本点统一于中国特色社会主义伟大实践，任何时候都不能有丝毫偏离和动摇。

（三）学习法律知识

法律是党和人民意志的体现，维护党和人民的利益。1997年党的十五大提出实施依法治国方略。2012年党的十八大以来，全面依法治国成为"四个全面"治国理政战略布局

的重要组成部分。2014年党的十八届四中全会作出《中共中央关于全面推进依法治国若干重大问题的决定》，明确了全面推进依法治国的总目标是建设中国特色社会主义法治体系，建设社会主义法治国家。即，在中国共产党领导下，坚持中国特色社会主义制度，贯彻中国特色社会主义法治理论，形成完备的法律规范体系、高效的法治实施体系、严密的法治监督体系、有力的法治保障体系，形成完善的党内法规体系，坚持依法治国、依法执政、依法行政共同推进，坚持法治国家、法治政府、法治社会一体建设，实现科学立法、严格执法、公正司法、全民守法，促进国家治理体系和治理能力现代化。这就对全党学习法律知识提出了更高的要求。

全面贯彻执行党的基本理论、基本路线、基本方略，全党必须认真学习法律知识。从党的政策与国家法律的关系看，我国法律是在党的领导下，通过一定的法律程序制定出来的，是由实践证明了的正确的党的政策的具体化、法律化。也就是说，党的政策是法律的灵魂，而法律是政策的具体化。因此，一方面，只有掌握政策才能更准确、更全面地执行法律，另一方面，只有严格地依法办事，才能更好地贯彻党的政策。

坚持党和人民利益高于一切必须学习法律。共产党及其成员，在无产阶级革命和建设的整个过程中，除了工人阶级和广大劳动群众的利益外没有自己的特殊利益。共产党是最广大人民群众根本利益的代表。而在党的领导下制定的国家法律，体现了我国工人阶级和广大劳动群众的根本利益。党员只有学法知法守法，才能用自己的自觉行动体现和维护工人阶级和广大劳动群众的利益。

党员带头遵守宪法和法律必须学法知法，否则，不懂法或对法律知之甚少，那就无法判断自己的活动是在宪法和法律范围内，还是超越了宪法和法律的范围。尤其是在市场发育还不够成熟，法治尚不健全的情况下，认真学习已生效的法律，增强法治观念，才能严格约束自己的行为，自觉抵制各种诱惑，坚决反对腐败。

党员要学会使用法律武器必须学习法律知识。社会主义制度确立以后，尤其是在全面深化改革、全面改革开放时期，如何在政治、经济、文化、社会、生态各个领域同敌视和破坏社会主义的敌对分子进行具有许多新的历史特点的伟大斗争，是执政党必须考虑的问题。然而，靠过去那种搞政治运动的方式进行这种斗争，实践证明有许多弊端，新时期必须寻求新的方式，那就是要遵循社会主义法治原则。党员只有学法知法，才能正确使用法律手段，维护正常的社会秩序，捍卫社会主义制度和党的执政地位。

党员要在发展社会主义市场经济中有所作为，必须学习法律知识。从某种意义上讲，市场经济就是法治经济，而社会主义市场经济的本质要求和形成方式也决定了我们党要重视和加强法治。我们是在以公有制和按劳分配为主体，其他经济成分和分配方式并存的情况下建立市场经济体制的，一是要大力发展生产力，二是要最终实现共同富裕。我们决不能走资本主义国家发展市场经济的老路，即，一方面是极少数人暴富，另一方面是大多数人处于贫困境地。历史也不允许我们像资本主义国家那样经历几百年的痛苦过程，才自发地形成市场经济。我们要在比较短的时间内建立起社会主义市场经济体制,而且要比资本主义的市场经济体制运转得更好,就不能仅仅靠自发发展,而是靠政府的"培育"和"推动",这就更需要法治的导向和保障,发挥市场在资源配置中的决定性作用,同时更好发挥政府作用。只有不断总结经验,将国家宏观调控和市场的有效配置逐步纳入法治轨道,才能有良好的社会主义市场经济秩序。党员带头学习法律,这是法治建设的重要一环,将有利于增强全国人民的法律意识,促进市场经济的发展。

(四)学习社会主义市场经济知识

游泳要习水性,党领导和驾驭市场经济,必须了解市场经济本身的特点、市场经济的基本原则及发展规律等,因而全党都必须学习市场经济理论。党目前所处的市场经济条件还不够成熟,还随时会出现这样那样的问题。如,贪污、贿赂和不正当竞争与投机;市场活动中的不规范甚至发生某些混乱,比如欺诈行为、市场垄断、奢侈成风,以及由于自发性引起的资源浪费和环境破坏等;以货币形式表现出来的等价交换原则,即所谓认钱不认人,在人民生活中产生广泛影响,这在经济生活中是理所当然的、无可厚非的,但被引入党和国家政治生活,甚至引入行政管理、司法实践,乃至公民教育中,这就势必造成极大的思想混乱、精神滑坡。

人对市场经济的参与和作为,在很大程度上也决定着市场经济的发展,影响市场经济效应的性质、方向和程度,只有把作为客体的市场经济本身发展和作为主体的人的作用联系起来,才能对市场经济发生效应问题作出符合实际的科学的回答。全党尤其是领导干部学习市场经济知识，才能更好地驾驭市场经济。

（五）学习现代科学技术知识

由于现代社会科学技术飞速发展，对人的科学文化素质和业务水平的要求越来越高。党的工作重心转移到经济建设上来，发展成为党执政兴国的第一要务，党员和党的干部要成为经济建设中的内行和骨干，就必须不断学习科学技术知识，提高为人民服务的本领。建设中国特色社会主义，把我国建设成为社会主义现代化强国是我党现阶段的根本任务。所谓社会主义现代化，就是沿着历史选择的社会主义道路，用现代科学技术武装工业、农业和国防，改进落后的生产技术、操作方法和经营管理方式，迅速发展社会生产力，使我国跃入世界发达国家的行列。很显然，要完成这样一个任务，科学技术是个关键问题。很难设想，一个没有科学技术知识的人能成为现代化建设事业的优秀领导者，能发挥先锋模范作用。在全面改革开放、建设社会主义市场经济条件下，鄙薄科学技术比以往任何时候都更加有害。在2018年美国制裁中兴事件，以及之后于7月6日正式拉开序幕的中美新一轮贸易战中，充分暴露了我国某些科技短板，我们必须知耻而后勇、尊重知识、尊重人才、推进科技创新，别无选择。

（六）学习管理知识

管理对于人类的文明进步，及社会发展的重要作用得到越来越深刻的认识。任何有效率的群体工作，都预期以最少的时间、资金及物质消耗，达到群体目标，这需要付出较大的努力，增加管理的工作量，以及应用科学的管理原则、先进的管理技术。所有组织的绩效，一切之首莫过于管理。上至国家元首，下至公司的总裁、车间主任，都担负着管理的职能，区别只在于管理在其全部工作中所占份额的不同。管理水平的高低，直接影响生产力的发展速度和发展水平。我国管理水平与国际先进水平相比还有一定差距，这一现状也要求我们党高度重视管理知识的学习。我们国家某些领域的落后，不仅是资金的短缺和技术的落后，最具决定性的还是管理工作的质量低下和缺乏活力。这里所说的管理落后，绝不仅是指管理理论、管理方法、管理工具落后，更为严重的是管理理念、管理思想落后。这表现在：对管理的认识和重视不够，总结自己的管理经验肤浅潦草、一般化，学习外国的管理经验不深不透、浅尝辄止。我国经济管理的落后，直接制约着我国经济社会的全面发展进步，我们党和国家领导人在不同时间、不同的场合，反复强调党员要适应现代社会发展的需要，努力学习管理知识。早在改革开放之初，邓小平强调，党员干部要着重抓紧三个方面的学习：一个是学经济，一个是学科学技术，一个是学管理。党的十一届三中全会公报指出，实现四个现代化，要求大幅度地提高生产力，也就必然要求多方面地改变同生产力发展还不适应的生产关系和上层建筑，改变一切不适应的管理方式、活动方式和思想方式，因而是一场广泛、深刻的革命。当时，中央领导同志就指出：进行社会主义现代化建设，可能有两个问题将会拖后腿，一个是农业，一个是管理。这话不乏真知灼见，现在依然放射着真理的光辉。踏入新时代新征程，要完成新使命，必须要学好管理知识，做好管理工作。现在这个问题比以往任何时候都更加重要和更加突出。

（七）学习哲学

哲学是人类的智慧之学。马克思主义哲学深刻揭示了客观世界特别是人类社会发展一般规律，在当今时代依然有着强大生命力，依然是指导我们共产党人前进的强大思想武器。我们党自成立起就高度重视在思想上建党，其中十分重要的一条就是坚持用马克思主义哲学教育和武装全党。

学哲学、用哲学，这是我们党的传统。2014年5月4日，习近平同志在北京大学师生座谈会上的讲话中说，掌握了哲学武器，树立了正确的世界观、人生观、价值观，再来看看社会万象、人生历程，一切是非、正误、主次，一切真假、善恶、美丑，自然就洞若观火、清澈明了，自然就能作出正确判断、作出正确选择。正所谓"千淘万漉虽辛苦，吹尽狂沙始到金"。

党的第一代领导集体重视哲学思维、善用哲学方法，不仅学习马克思主义哲学，而且创立了中国化的马克思主义哲学，即毛泽东哲学思想。陈云同志在长达70年的革命生涯中，从一个学徒工成长为党的领袖，始终坚持并善于把马克思主义基本原理同中国具体实际相结合，创造性地领导了革命斗争、经济建设和改革开放，表现出了无产阶级革命家、政治家的杰出智慧和领导才能，与他一生极为重视学习马克思主义哲学密不可分。在延安时期，陈云开始学习哲学。他认真研读了毛泽东的《矛盾论》《实践论》等重要著作后，特别推崇共产党"实事求是"的思想方法，认为领导干部，尤其是高层领导干部很需要从思想方法、工作方法上提高一步。陈云总结出的"不唯上、不唯书、只唯实，交换、比较、反复"，体现了马克思主义唯物辩证法，成为共产党人的领导原则和思想方法。党的十八大以来，习近平同志多次强调，领导干部要始终坚持学哲学用哲学，提高战略思维能力、综合决策能力、驾驭全局能力，团结带领人民不断书写改革开放历史新篇章。

无论是革命建设改革的哪一个阶段上，党的一些工作发生失误，无一例外都是在哲学上出了问题，离开了实事求是的原则。2013年12月26日，习近平同志在纪念毛泽东同志诞辰120周年座谈会上的讲话中指出："实事求是，是马克思主义的根本观点，是中国共产党人认识世界、改造世界的根本要求，是我们党的基本思想方法、工作方法、领导方法。不论过去、现在和将来，我们都要坚持一切从实际出发，理论联系实际，在实践中检验真理和发展真理。"

（八）学习历史

历史是一个民族、一个国家形成、发展及其盛衰兴亡的真实记录，是前人的"百科全书"，即前人各种知识、经验和智慧的总汇。学习历史能够以史为鉴知兴替，运用历史眼光认识发展规律、把握前进方向、指导现实工作。具体说，学习世界历史，才能更好地学习借鉴世界各国的长处；学习中国历史，能够认识和把握中国社会发展的客观规律；学习中共党史，有利于继承和发扬我们党在长期斗争中形成的光荣传统，担当起领导建设中国特色社会主义的职责。2013年6月25日，习近平同志在主持中央政治局第七次集体学习时强调指出，"历史是最好的教科书"。2013年7月，习近平同志到平山县西柏坡调研时再次强调，"中国革命历史是最好的营养剂"。共产党人加强对中国历史、党史国史、社会主义发展史和世界历史的学习，深刻总结历史经验、把握历史规律、认清历史趋势，在对历史的深入思考中做好现实工作，更好走向未来。

此外，还要研究和借鉴世界各国一切科学的新经验、新思想、新成果。1983年7月8日，邓小平在同几位中央负责同志谈话中指出，"搞现代化建设，我们既缺少经验又缺少知识"，"光凭自己的经验和教训还解决不了问题"，还"要吸收国际的经验"，要"大胆吸收和借鉴人类社会创造的一切文明成果，吸收和借鉴当今世界各国包括资本主义发达国家的一切反映现代社会化生产规律的先进经营方式、管理方式"。随着经济全球化进程的加快，我们越来越清楚地看到，现代化是一种世界性的潮流，在许多发达国家实现资本主义现代化的特殊规律中蕴含着现代化的一般规律，其现代化实践，有很多经验教训是值得我们借鉴的。

三、"工作太忙"绝不是放松学习的理由

学习的重要性已经深入人心。但知道未必能做到。在战

争年代,党中央曾明确指出,我们的队伍里有一种恐慌,不是经济恐慌,也不是政治恐慌,而是本领恐慌。过去学的本领只有一点点,今天用一些,明天用一些,渐渐告罄了。这就必须加强学习,但一些干部却"躲懒睡觉"。究其原因,毛泽东曾总结两点:一是领导干部工作千头万绪,工作压力大,工学矛盾突出,没时间学;二是学不懂,没兴趣学。针对党员干部学习中存在的"一个是忙得很,一个是看不懂"两个问题,毛泽东于1939年5月20日在延安在职干部教育动员大会上的讲话中强调,共产党员不学习理论是不对的,有问题就要想法子解决,这才是共产党员的真精神。在忙的中间,想一个法子,叫做"挤",用"挤"来对付忙,好比木匠师傅钉一个钉子到木头上,把看不见的纤维细孔,"挤"出这样大的窟窿来,可见"挤"是一个好办法,在每天工作、吃饭、休息中间,挤出两小时来学习。对于看不懂的东西不要怕,想一个法子,叫做"钻",用"钻"来解决读不懂的问题,如木匠钻木头一样地"钻"进去。工作忙就要"挤",看不懂就要"钻","一本书、一本书读懂的办法很重要"。

真学、真懂了,才能真信真用。毛泽东是原原本本读了共产党宣言后才选定革命道路的。陈云参加"五卅"运动后,开始学习俄文,研读马列主义原著。在斗争实践中,陈云认真学习马克思主义,经过反复比较,最终选定共产主义作为自己终身追求的理想信念。1935年6月,陈云肩负党中央的秘密使命,离开长征队伍,辗转到苏联莫斯科,向共产国际汇报遵义会议情况。圆满完成任务后,陈云留在莫斯科,进入列宁学校中文部学习。陈云抓紧一切时间系统阅读马恩列斯原著，认真做读书笔记，结合中国革命的具体实际和自己的革命经历，从理论的高度进行深入思考和总结，使他成为坚定的马克思主义者，党的杰出领导人。

党执政后，我们党总是在学习与实践中探索社会主义发展规律，在不断解决新矛盾中提高本领。改革开放以来，尤其是党的十八大以来，从总体上看，与今天我们党和国家事业发展的要求相比，我们的本领有适应的一面，也有不适应的一面。特别是随着形势和任务不断发展，我们适应的一面正在下降，不适应的一面正在上升。如果不抓紧增强本领，久而久之，我们就难以胜任领导改革开放和社会主义现代化建设的繁重任务。因此，以习近平同志为核心的党中央以上率下，在全党兴起学习的新高潮。在中央政治局集体学习形成制度的基础上，还就党委（党组）理论学习出台党内法规《中国共产党党委（党组）理论学习中心组学习规则》。习近平同志强调，实现党的十九大提出的各项战略目标，根本还在于通过学习提升全党的马克思主义水平。全党要来一个大学习；在学懂弄通做实上下功夫。

但是，在党的事业不断向前推进，全党不断学习的过程中，"没时间学习"和"看不懂"的问题一直是无法回避的。如果不注意学习，忙于事务，思想就容易僵化、庸俗化。解决这个问题，领导干部一是要端正学习态度，把学习放在很重要的位置上，渴望学习。二是把学习作为一种追求、一种爱好、一种健康的生活方式，做到好学乐学。有道是，"知之者不如好之者，好之者不如乐之者"。领导干部有了学习的浓厚兴趣，就可以变"要我学"为"我要学"，变"学一阵子"为"学一辈子"。学习和思考结合，学习和实践相辅相成，"博学之，审问之，慎思之，明辨之，笃行之"。三是善于挤时间学习。习近平同志说，经常听有的同志说自己想学习，但"工作太忙，没有时间学习"。听上去好像有些道理，但这绝不是放松学习的理由。中央强调要转变工作作风，能不能多一点学习、多一点思考，少一点无谓的应酬、少一点形式主义的东西，这也是转变工作作风的重要内容。学习需要沉下心来，贵在持之以恒。读书要力戒心浮气躁、浅尝辄止，要循序渐进、滴水穿石。正如荀子在《劝学篇》中所说："不积跬步，无以至千里；不积小流，无以成江海。"领导干部哪怕一天挤出半小时，即使读几页书，只要坚持下去，必定会积少成多、积沙成塔，积跬步以至千里。

四、把握学习方法，提高学习效果

学习方法直接决定学习效果。党员及党员领导干部如何以有限的时间，取得好的学习效果，我党积累了许多经验。

（一）正确把握学习的方向

要坚持马克思主义指引的方向，在错综复杂的形势中，旗帜鲜明地抵御各种错误思潮。防止被一些天花乱坠、脱离实际甚至荒唐可笑、极其错误的东西所迷惑、所俘虏。要坚持学与思的统一。古人说："学而不思则罔，思而不学则殆。"

思考是阅读的深化，是把书读活的关键。

（二）有选择地学习

在现代社会，知识、信息不仅量大，而且更新速度快、更新周期短。有人研究过，18世纪以前，知识更新速度为90年左右翻一番；20世纪90年代以来，知识更新加速到3至5年翻一番。近50年来，人类社会创造的知识比过去3000年的总和还要多。学什么必须有选择，否则大量无用或无关的知识或垃圾信息充斥大脑，不但无助于工作生活，还可能会打乱正常的工作和生活。从人类的活动规律看，理性的人对那些与自己有关，对自己有用的事物往往会更加关注和重视。党的干部的学习有着明确具体的需求和很强的针对性，有着强烈的需求导向。其中有工作需要、组织要求，也有自己对未来发展的追求，还有好奇心的满足等。每个领导干部的学习时间有限，因此，必须有选择地学习。要把学习工作需要的、组织要求的、自己想学的所需时间分配好，在学习中得到快乐，在学习中不断提高自己的知识化、专业化水平，不断适应党和人民事业发展提出的高素质、专业化要求，不断提升生活质量，体现人生的价值。

共产党人在学习中要拜人民为师，向历史学、向实践学，总结经验、摸索规律，这是党不断提高能力水平，引领党的事业从胜利走向胜利的法宝。要向人民学习。放下架子、扑下身子，接地气、通下情。要眼睛向下，不要只是昂首望天。1941年3月17日，毛泽东在《农村调查》的序言中强调指出，"没有眼睛向下的兴趣和决心，是一辈子也不会真正懂得中国的事情的"。向实践学习，要靠实践出真知。要根据时代变化和实践发展，不断深化认识，不断总结经验，不断实现理论创新和实践创新良性互动，在这种统一和互动中发展21世纪中国的马克思主义。

（三）有计划地学习

工欲善其事，必先利其器。在新时代，共产党人履行执政兴国使命离不开读书学习。书籍不仅是知识的载体，更是开启人们智慧与精神的明灯。古今中外，凡是有成就的人，不管学历高低，无一不是勤奋学习、认真读书之人。尼克松在《领导者》一书中说："所有我认识的伟大的领导者几乎都有一个共同特征，那就是他们都是伟大的读书者。"但人通常会有一种惰性。读书要与人的懒惰作斗争。一个有效的办法就是订出一个切实的读书计划，照着去办，坚持不懈。

"读书要做笔记"。做笔记一是保证学习时精力集中，二是随时可以帮助回味并内化于心，还能够促进学而时习之。毛泽东在读艾思奇的《哲学与生活》一书时，曾亲笔作了3000余字的摘录，在他读过的许多书籍中，留有红、蓝、黑各色笔迹的圈划批注。

现代人的活动丰富多彩，党员领导干部也不例外，这也同时造成许多时间碎片化。制定读书计划有助于利用碎片化时间进行系统学习。

有计划地学习，还有一个常用的方法就是有共同需求或学习要求的人组成"学习小组"定期学习，如中央政治局集体学习、党委（党组）理论学习中心组学习等，这种学习有利于相互监督、相互交流、共同进步。

（四）以用促学

学习的目的全在于运用。领导干部加强学习，增强学习本领本身并不是目的，根本目的是增强工作本领、提高解决实际问题的水平。"空谈误国，实干兴邦"。读书是学习，使用也是学习，而且是更重要的学习。领导干部要发扬理论联系实际的马克思主义学风，带着问题学，在干中学，在学中干，学以致用、用以促学、学用相长。

读书学习必须联系实际，知行合一，通过理论的指导、利用知识的积累，来洞察客观事物发展的规律。古人讲，"纸上得来终觉浅，绝知此事要躬行"，"耳闻之不如目见之，目见之不如足践之"。

使用为学习增添了动力，使用让学习效果有了衡量标准。一经使用，就会发现本本主义害死人，一经使用，就会发现照搬照抄处处碰壁。由此得出的结论必然是坚持理论联系实际，必须反对本本主义、照搬照抄，不能拿本本去框实践，而是要用实践去发展本本。只有抱着这样的态度，才能把马克思主义的精髓学深悟透，把马克思主义的真理用好用活，把马克思主义理论不断发展到新的境界、新的高度。

对马克思主义理论的运用，要着眼于对现实问题的理论思考，着眼于新的实践和发展，切实解决本地区、本部门存在的实际问题。如果脱离了我们正在做的事情，脱离了党的中心工作，任何理论都会失去生机。学习习近平新时代中国特色社会主义思想，全党要在学懂弄通做实上下功夫。

我们党总是在学习与实践中把握发展规律，在不断解决新矛盾中提高本领。领导干部的学习不仅要读书本，还要与深入改革发展一线做调查研究相结合，与把握世情国情党情的深刻变化相结合，与形成推动发展的不竭动力的创造性实践相结合。

领导干部要树立终身学习观念，活到老，学到老，养成学习习惯。修身养性是终身学习的内在动力，党的组织要求、工作岗位需求是终身学习的外在压力。党的十八大提出了建设学习型、服务型、创新型马克思主义执政党的重大任务。把学习型放在第一位，是因为学习是前提，学习好才能服务好，学习好才有可能进行创新。领导干部是带领人民实现中国梦的骨干力量，担负着党和人民交付的职责，因此，学习不学习不仅仅是自己的事情，本领大小也不仅仅是自己的事情，而是关乎党和国家事业发展的大事情。习近平同志强调，这也就是古人所说的"学者非必为仕，而仕者必为学"。

第二讲 增强政治领导本领

讲政治就是坚持从党和国家大局思考和处理问题，坚持从政治上着眼、从政治上审视、从政治上分析和解决治国理政中存在的突出问题。领导干部要头脑清醒、立场坚定，具有敏锐的政治洞察力、鉴别力、判断力和政治定力，面对大是大非敢于亮剑、面对矛盾敢于迎难而上、面对危机敢于挺身而出、面对失误敢于担责、面对歪风邪气敢于坚决斗争。要牢固树立政治理想，正确把握政治方向，坚定站稳政治立场，严格遵守政治纪律，严肃党内政治生活，加强政治历练，积累政治经验，自觉把讲政治贯穿于党性锻炼全过程。要坚定维护以习近平同志为核心的党中央权威和集中统一领导，坚持战略思维、创新思维、辩证思维、法治思维、底线思维。

讲政治就是坚持从党和国家大局思考和处理问题，坚持从政治上着眼、从政治上审视、从政治上分析和解决治国理政中存在的突出问题。作为马克思主义政党，我们党具有崇高政治理想、高尚政治追求、纯洁政治品质、严明政治纪律。旗帜鲜明讲政治是党战胜艰难险阻、不断取得胜利的优良传统和重要法宝。在新时代，党要统筹伟大斗争、伟大工程、伟大事业、伟大梦想，团结带领人民继续前进、走好新的长征路，必须旗帜鲜明讲政治。2016年1月12日，习近平同志在第十八届中央纪律检查委员会第六次全体会议上强调："政治问题，任何时候都是根本性的大问题。"政治领导本领是党员领导干部的立身之本、为政之要。党的十九大报告中指出："增强政治领导本领，坚持战略思维、创新思维、辩证思维、法治思维、底线思维，科学制定和坚决执行党的路线方针政策，把党总揽全局、协调各方落到实处。"

一、政治领导本领是党员领导干部的立身之本、为政之要

政治领导本领，就是把握方向、把握大势、把握全局的能力，就是保持政治定力、驾驭政治局面、防范政治风险的能力。政治领导本领是事关政治路线、政治立场、政治方向、政治原则、政治道路的根本性问题，是最核心的、最根本的领导本领。只有政治领导本领强，才能融入新时代、担当新使命、实现新目标。

领导干部要不断增强政治领导本领，头脑清醒、立场坚定，具有敏锐的政治洞察力、鉴别力、判断力和政治定力，面对大是大非敢于亮剑、面对矛盾敢于迎难而上、面对危机敢于挺身而出、面对失误敢于担责、面对歪风邪气敢于坚决斗争。

（一）面对大是大非敢于亮剑

这里的"大是大非"是指在党的政治纪律和政治规矩方面的对错问题。根据《中国共产党纪律处分条例》，这类大是大非问题主要包括：

1. 在重大原则问题上不同党中央保持一致且有实际言论、行为或者造成不良后果的；

2. 通过网络、广播、电视、报刊、传单、书籍等，或者利用讲座、论坛、报告会、座谈会等方式，公开发表坚持资产阶级自由化立场、反对四项基本原则，反对党的改革开放决策的文章、演说、宣言、声明等的；发布、播出、刊登、出版前款所列文章、演说、宣言、声明等或者为上述行为提供方便条件的；

3. 通过网络、广播、电视、报刊、传单、书籍等，或者利用讲座、论坛、报告会、座谈会等方式，公开发表违背四项基本原则，违背、歪曲党的改革开放决策，或者其他有严重政治问题的文章、演说、宣言、声明等的；妄议党中央大政方针，破坏党的集中统一的；丑化党和国家形象，或者诋毁、诬蔑党和国家领导人、英雄模范，或者歪曲党的历史、中华人民共和国历史、人民军队历史的；发布、播出、刊登、出版前款所列内容或者为上述行为提供方便条件的；

4. 在党内组织秘密集团或者组织其他分裂党的活动的；参加秘密集团或者参加其他分裂党的活动的；

5. 在党内搞团团伙伙、结党营私、拉帮结派、培植个人势力等非组织活动，或者通过搞利益交换、为自己营造声势等活动捞取政治资本的；导致本地区、本部门、本单位政治生态恶化的；

6. 党员领导干部在本人主政的地方或者分管的部门自行其是，搞山头主义，拒不执行党中央确定的大政方针，甚至背着党中央另搞一套的；

7. 落实党中央决策部署不坚决，打折扣、搞变通，在政治上造成不良影响或者严重后果的；

8. 对党不忠诚不老实，表里不一，阳奉阴违，欺上瞒下，搞两面派，做两面人的；

9. 制造、散布、传播政治谣言，破坏党的团结统一的；政治品行恶劣，匿名诬告，有意陷害或者制造其他谣言，造成损害或者不良影响的；

10. 擅自对应当由党中央决定的重大政策问题作出决定、对外发表主张的；

11. 不按照有关规定向组织请示、报告重大事项，情节较重的；

12. 干扰巡视巡察工作或者不落实巡视巡察整改要求的；

13. 对抗组织审查的；

14. 组织、参加反对党的基本理论、基本路线、基本方略或者重大方针政策的集会、游行、示威等活动的，或者以组织讲座、论坛、报告会、座谈会等方式,反对党的基本理论、基本路线、基本方略或者重大方针政策的;以提供信息、资料、财物、场地等方式支持上述活动的;

15. 未经组织批准参加其他集会、游行、示威等活动的;

16. 组织、参加旨在反对党的领导、反对社会主义制度或者敌视政府等组织的;

17. 组织、参加会道门或者邪教组织的;

18. 从事、参与挑拨破坏民族关系制造事端或者参加民族分裂活动的;有其他违反党和国家民族政策的行为的;

19. 组织、利用宗教活动反对党的路线、方针、政策和决议,破坏民族团结的;

20. 信仰宗教的,组织迷信活动的;参加迷信活动的;

21. 组织、利用宗族势力对抗党和政府,妨碍党和国家的方针政策以及决策部署的实施,或者破坏党的基层组织建设的;

22. 在国(境)外、外国驻华使(领)馆申请政治避难,或者违纪后逃往国(境)外、外国驻华使(领)馆的;在国(境)外公开发表反对党和政府的文章、演说、宣言、声明等的;故意为上述行为提供方便条件的;

23. 在涉外活动中,其言行在政治上造成恶劣影响,损害党和国家尊严、利益的;

24. 不履行全面从严治党主体责任、监督责任或者履行全面从严治党主体责任、监督责任不力的;

25. 党员领导干部对违反政治纪律和政治规矩等错误思想和行为不报告、不抵制、不斗争,放任不管,搞无原则一团和气的；

26. 违反党的优良传统和工作惯例等党的规矩的。

领导干部在大是大非面前不能暧昧，要亮明态度。要对党忠诚老实，自觉同违反党章、破坏党的纪律、危害党中央集中领导和团结统一的言行作斗争。

（二）面对矛盾敢于迎难而上

这里的"矛盾"是指反映在两个或更多个说法、想法或行动之间的不一致，它反映了事物之间相互作用、相互影响的一种关系，这种关系表现为"对立"。矛盾是普遍存在的，是事物联系的实质内容和事物发展的根本动力。人的认识活动和实践活动，从根本上说就是不断认识矛盾、不断解决矛盾的过程。问题是事物矛盾的表现形式，强调增强问题意识、坚持问题导向，就是承认矛盾的普遍性、客观性，就是要善于把认识和化解矛盾作为打开工作局面的突破口。

当前，我国发展面临的矛盾更加复杂，既有过去长期积累而成的矛盾，也有在解决旧矛盾过程中产生的新矛盾，大量的还是随着形势环境变化新出现的矛盾。这些矛盾许多是这个发展阶段必然出现的，是躲不开也绕不过去的。中国特色社会主义进入新时代，完成新任务，实现新目标，担当新使命，我们必然面临许多新的矛盾和困难。在新时代，随着我国社会主要矛盾转化为人民日益增长的美好生活需要和不平衡不充分的发展之间的矛盾，许多新矛盾叠加交织。从本质上讲，人民日益增长的美好生活需要和不平衡不充分的发展之间的矛盾是需要和供给之间的矛盾。从需求侧看，人民对美好生活的要求日益增长并多样化,不仅包括物质的、安全的、环境的等多方面需求,而且包括对民主、法治、公平、正义等非物质需求;从供给侧看,不平衡不充分的发展问题普遍存在,社会生产能力仍然不能满足13亿多人口对不同产品和各种服务的需求。发展不充分,既体现在发展质量和效益还不高,也体现在中国制造需要向中国创造升级等方面。发展不平衡,主要包括城乡不平衡、地区不平衡、人群不平衡。其本质,是人民对美好生活的需要与社会供给不匹配,特别体现在就业、教育、医疗、居住、养老等民生领域,满足不了各类人群的需求,产品质量、服务质量、环境质量、食品药品安全质量等问题仍十分突出。

社会主要矛盾转化决定了党在新时代的根本任务与工作重点。党的十九大报告对社会主要矛盾变化作出的重大判断,抓住了新时代中国基本国情的主要特征,今后,全党面临的一个重要课题,就是如何正确认识和妥善处理我国发展起来后不断出现的新情况新问题,贯彻新发展理念,建设现代化经济体系,努力实现更高质量、更有效率、更加公平、更可持续的发展;以供给侧结构性改革为主线,推动经济发展质量变革、效益变革、动力变革,提高全要素生产率,加快实体经济、科技创新、现代金融、人力资源协同发展的产业体系,不断增强我国经济创新力和竞争力。

总之,在向全面建成小康社会冲刺和开启第二个百年奋斗目标新征程阶段,各种矛盾层出不穷,遇到矛盾已经成为常态。敢于迎难而上是领导干部应有的精神状态。领导干部对待矛盾的正确态度,应该是积极勇敢面对,把鲜明的问题导向树立起来，营造发现问题是能力、揭露问题是党性、正视问题是觉悟的浓厚氛围，学习掌握事物矛盾运动的基本原理，勇挑重担，敢啃硬骨头、敢接烫山芋，逢山开路、遇水搭桥，在破解一个又一个难题中实现能力素质的提升，在不断解决矛盾过程中推动党的事业发展。

（三）面对危机敢于挺身而出

这里的危机是指有危险又有机会的时刻，是一种十分紧要的危险关头，有看得见的危险，有潜伏的祸害。遇到危机，人们的心理和行为都会发生重大变化，领导干部也一样。领导干部面对危机的表现，往往直接变为人生、团体、社会发展的转折点，甚至生死攸关。一般说来，领导干部通过应用已拥有的应付技巧和解决问题的能力，保持自身与环境的平衡与协调，保持一种内心的稳定状态，即处变不惊。当领导干部遭遇应激强度很大的事件，即对个体的生活目标或自我形象、对组织的工作要求与组织目标等重要方面构成威胁的"有害事件"时，领导干部个体会一如既往地使用所有解决问题的常规技能，但结果却发现难以解决、难以把握、难以摆脱困境。这时，内心平衡就会打破，内心的紧张不断积蓄，继而出现无所适从甚至思维和行为的紊乱，进入一种失衡状态，即惊慌失措。危机形成的过程大致分为以下几个阶段：危机前状态、易感期、重整期。其主要特点：意外性、聚焦性、破坏性、紧迫性。有害事件的发生，揭开了危机发展过程的序幕。在危机期，领导干部的紧张和焦虑达到难以忍受的程度，个体处于渴求解脱的状态。领导干部的责任心、使命感、担当精神与担当能力不同，直接决定了其精神状态和行为选择。现代社会危机无处不在。提高危机管理能力，最根本的是要建立危机爆发之前的预防机制、危机爆发时的应对机制、危机结束后的恢复机制，形成完整的危机管理体系。

对领导干部来说，面对危机要敢于挺身而出，顶得住、扛下来。这是党的执政地位和领导干部在党的事业中的骨干作用决定的。

（四）面对失误敢于担责

这里的失误是指由个人造成的错误。横向看，失误可分为三种：随机失误——由于人的行为、动作的随机性质引起的失误；系统失误——由于系统设计方面的问题或人的不正常状态引起的失误；偶发失误——一些偶然的过失行为，它往往是事先难以预料的意外行为。失误表现为遗漏或遗忘、做错、做事自以为是，其实不是。领导干部的失误，使工作过程中导致实际实现的目标达不到所在组织的预设目标，其结果可能以某种形式给生产、工作及组织目标的实现带来不良影响。失误可能导致物的不安全状态，或人的不安全行为，或威胁组织目标的实现。领导干部的工作千差万别，其工作失误也各不相同。

从领导干部活动过程上看，领导活动不同阶段上的失误，产生原因不同。感知过程失误，其产生的原因主要有：信号缺乏足够的诱引效应、认知的滞后效应、判别失误、知觉能力缺陷、信息歪曲和遗漏、错觉等。判断过程失误，其产生的原因主要是：遗忘和记忆错误，联络、确认不充分，分析推理失误等。行为过程失误，其产生的主要原因包括：习惯动作与工作方法要求不符、由于发射行为而忘记了危险、操作方向和调整失误、工具或作业对象选择失误、疲劳状态下行为失误、异常状态下行为失误等。只要干事，失误就在所难免。一般说来，干事越多，失误的概率就越高。对于组织而言，必须保护干事的干部，宽容失误。习近平同志强调，要营造干事创业环境和氛围，为敢担当的干部担当，为敢负责的干部负责。要落实"三个区分开来"，即，把干部在推进改革中因缺乏经验、先行先试出现的失误和错误，同明知故犯的违纪违法行为区分开来；把上级尚无明确限制的探索性试验中的失误和错误，同上级明令禁止后依然我行我素的违纪违法行为区分开来；把为推动发展的无意过失，同为谋取私利的违纪违法行为区分开来。要保护那些作风正派又敢作敢为、锐意进取的干部。2018年5月，中央出台《关于进一步激励广大干部新时代新担当新作为的意见》，就是从制度设计上宽容干部在担当作为中的失误和错误，旗帜鲜明为那些敢于担当、踏实做事、不谋私利的干部撑腰鼓劲，从而激励广大干部敢于担当、依法积极作为。对于领导干部个人而言，面对失误不要怨天尤人、推诿掩饰、一味逃避，要进行冷静理性分析总结，做好最坏的打算，争取最好的结果。

要把失职与失误区分开来。失职是该干的没干，失误是该干的干了，但没干好。失职必须被问责，严重失职可能导致犯罪，那就该承担刑事责任。正确区分失职与失误，保证对干部该问责的问责，不纵容；该保护的保护，不委屈。

（五）面对歪风邪气敢于坚决斗争

领导干部要以对党、对人民、对事业高度负责的态度，旗帜鲜明地同各种不正之风作斗争。要反对干部中的"好人"主义，更要反对组工干部中的"好人"主义，做到不为人情所缚，不为关系所扰，不为压力所惧。对歪风邪气，要敢于抵制、敢于碰硬、敢于得罪人；对违规违纪问题，要有案必查、查实必处、失责必究。在2014年1月14日第十八届中央纪委第三次全会上的讲话中，习近平同志强调，有权就有责，权责要对等。决不允许出现底下问题成串、为官麻木不仁的现象！不能事不关己、高高挂起，更不能明哲保身。自己做了好人，但把党和人民事业放到什么位置上了？如果一个地方腐败问题严重，有关责任人装糊涂、当好人，那就不是党和人民需要的好人！你在消极腐败现象面前当好人，在党和人民面前就当不成好人，二者不可兼得。

领导干部面对歪风邪气敢于坚决斗争，必须夯实基础，一是营造培育和践行社会主义核心价值观的浓厚氛围。在潜移默化中对干部完成道德引领。二是在组织工作中坚持公道正派，保证风清气正，"正气直行，众邪自息"。三是激浊扬清，惩恶扬善。领导干部公道正派，以上率下，一级做给一级看，一级带着一级干，上下戮力同心，筑牢防御歪风邪气的铜墙铁壁，打好抵制歪风邪气的硬仗。

二、善于从政治上思考和观察问题，站稳政治立场

旗帜鲜明讲政治，要求党的干部注重增强政治领导本领，头脑特别清醒、眼睛特别明亮、态度特别鲜明、行动特别自觉，牢固树立政治理想，正确把握政治方向，坚定站稳政治立场，严格遵守政治纪律，严肃党内政治生活，加强政治历练，积累政治经验，自觉把讲政治贯穿于党性锻炼全过程。

在新时代，信息技术高度发达，社会全面开放，国内国外各种思潮、各种观点甚至各种奇谈怪论纷呈，可谓"乱花渐欲迷人眼"。在这样的复杂环境中，"善于从政治上思考和观察问题"，保持理论上的清醒、增强政治上的定力至关重要。

（一）对党忠诚，为民造福

2015年11月23日中央政治局会议上，习近平同志强调，对党绝对忠诚是最重要的政治纪律。在《关于党内政治生活的若干准则》和《关于新形势下党内政治生活的若干准则》中，把对党忠诚做了明确规定：对党忠诚，是指忠于党的组织和党的原则，忠于党和人民的事业，决不是效忠领导干部个人。2014年1月14日，习近平同志在十八届中央纪委三次全会的讲话中强调，不能把党组织等同于领导干部个人，对党尽忠不是对领导干部个人尽忠。

根据党章要求，党员必须"维护党的团结和统一，对党忠诚老实，言行一致，坚决反对一切派别组织和小集团活动，反对阳奉阴违的两面派行为和一切阴谋诡计。"决不能拉帮结伙、结党营私，而是要在组织提供的岗位平台上施展才华、实现政治抱负。共产党人的忠诚要体现在坚决反对高喊空洞的政治口号，在党内搞拉拉扯扯、吹吹拍拍、阿谀奉承，搞政治投机，必须见于行动，在落实上下功夫，要坚持党的基本理论、基本路线、基本方略；学好政治理论，提升政治觉悟；坚定理想信念，补足"精神之钙"，铸牢"党性之魂"；严肃党内政治生活，不断增强其政治性、时代性、原则性、战斗性，加强党员的党性锻炼；认真履行职责，尽心竭力干事创业，提高把方向、谋大局、定政策、促改革的能力和定力，在扎实的工作实绩中见忠心。

对党忠诚，要敢于担当，善于作为，为民造福。要一心一意谋发展。发展关系人民福祉、关系党的执政地位、关系中国梦的实现。要始终牢牢抓住发展这个治国理政的第一要务，放眼长远，着眼大局，谋准大势，推动经济社会持续健康发展。其最核心的问题是坚持稳中求进、改革创新。当人民利益受到损害时，敢于挺身而出、亮明态度，主动坚决开展斗争。党除了工人阶级和最广大人民群众的利益，没有自己特殊的利益。党在任何时候都把群众利益放在第一位，同群众同甘共苦，保持最密切的联系，坚持权为民所用、情为民所系、利为民所谋。

（二）坚持正确的政治方向

习近平同志在 2018 年 6 月 29 日中共中央政治局第六次集体学习时强调，政治方向是党生存发展第一位的问题，事关党的前途命运和事业兴衰成败。共产党人坚持的正确的政治方向，就是共产主义远大理想和中国特色社会主义共同理想、"两个一百年"奋斗目标，就是党的基本理论、基本路线、基本方略。领导干部要坚定共产主义理想和中国特色社会主义"四个自信"，把坚持正确政治方向贯彻到谋划重大战略、制定重大政策、部署重大任务、推进重大工作的实践中，经常对表对标，坚决纠正偏离和违背政治方向的行为，确保党和国家各项事业始终沿着正确政治方向发展，不断推动中国特色社会主义制度自我完善和发展，推进国家治理体系和治理能力现代化。

坚持正确的政治方向，要把系统掌握马克思主义基本理论作为看家本领，把学懂弄通做实习近平新时代中国特色社会主义思想作为政治追求，怀着虔诚而执着、至信而深厚的政治热情，读原著、学原文、悟原理，提高运用马克思主义立场观点方法判断形势、分析问题、化解矛盾的能力，努力掌握新时代共产党人改造主观世界和客观世界的强大思想武器，做到思想常新、心灵常净、本色常在、信念永存。党员干部应当自觉在严峻复杂的斗争实践中、在大风大浪的考验中、在急难险重任务的磨炼中，把握方向、站稳立场、明辨大势、坚持原则，不断提高从政治上分析形势、谋划事业、推动工作的能力。

坚持正确的政治方向，要毫不动摇地坚持和发展中国特色社会主义。在道路、方向、立场等重大原则问题上，旗帜要鲜明，态度要明确，不能有丝毫含糊。2014年2月17日，在省部级主要领导干部学习贯彻十八届三中全会精神全面深化改革专题研讨班上的讲话中，习近平同志指出，"在政治制度模式上，我们就是要咬定青山不放松、任尔东西南北风"。要始终保持强大的政治定力，坚持独立自主，既不走封闭僵化的老路，也不走改旗易帜的邪路，坚定不移走中国特色社会主义道路，自觉为推进中国特色社会主义事业而苦干实干，在胜利时和顺境中不骄傲不自满，在困难时和逆境中不消沉不动摇，经受住各种赞誉和诱惑考验，经受住各种风险和挑战考验，永葆共产党人政治本色。

（三）紧扣民心这个最大的政治，站稳人民立场

共产党人讲政治，最根本的就是要自觉维护最广大人民的根本利益，把人民拥护不拥护、赞成不赞成、高兴不高兴、答应不答应作为衡量一切工作得失的根本标准，作为衡量中国共产党人是不是讲政治的根本标准。十一届三中全会后，党的工作重心转移到社会主义现代化建设上来，邓小平1979年3月30日在党的理论工作务虚会上指出："社会主义现代化建设是我们当前最大的政治，因为它代表着人民的最大的利益、最根本的利益。"讲政治，就是要"在党和政府的统一领导下，克服一切困难，千方百计地为实现四个现代化贡献

出一切力量"。① 党的十八大以来，实现"两个一百年"奋斗目标，实现中国梦就是中国最大的政治，因为它代表着中国人民当前和未来一段时间的根本利益。进入新时代，更要把赢得民心、汇集民智民力作为重要着力点。要始终和人民在一起，想在一起、干在一起。在 2018 年 6 月 29 日的中央政治局第六次集体学习时，习近平同志强调，要教育和激励广大党员、干部锐意进取、奋发有为，把精力和心思用在稳增长、促改革、调结构、惠民生、防风险上，用在破难题、克难关、着力解决人民群众最关心最直接最现实的利益问题上。要坚持以人民为中心的发展思想，全心全意为人民服务，正确行使党和人民赋予的权力，在任何时候、任何情况下，都把党和人民的利益放在至高无上的位置上，切实解决好"为了谁、依靠谁、我是谁"的问题，敢于担当，善于作为，做出经得起实践、人民、历史检验的实绩。

坚持全心全意为人民服务，要正确处理好四个关系：一是正确处理好对上级负责与对群众负责的关系。二是正确处理好自我约束与群众监督的关系。三是正确处理眼前利益与长远利益的关系。四是正确处理谋取公共利益与满足个人利益的关系。

（四）发展积极健康的党内政治文化，净化党内政治生态

良好的政治生态直接关系每一个干部的政治生活和政治生命，也是党长期执政、国家长治久安的基本条件。坚定不

---

① 《邓小平文选》（第二卷），人民出版社 1994 年版，第 163 页。

移全面从严治党必然要求从深层次上加强党内政治文化建设，努力建设先进的、健康的、富有生机活力的党内政治文化。

政治文化是社会的政治关系、政治过程、政治制度、政治活动等在人们精神领域的反映，是一定的社会主体对于政治问题的认识、态度和价值取向，主要由政治心理、政治思想、政治态度和政治行为构成。政治文化既渗透人们社会生活的各个方面，也存在于政党内部。一个政党的指导思想、奋斗目标、路线纲领、制度规范、思维方式、价值观念、精神状态、作风习惯等，从宏观上看，其实都属于政治文化范畴。由于这种政治文化是在政党组织内部存在和发挥作用，故称之为党内政治文化。党的十九大党建新布局中的政治建设、思想建设、组织建设、作风建设、纪律建设、制度建设和反腐败斗争，每一方面都蕴含着党内政治文化因素，都受到党内政治文化的影响和制约。党组织在制定自己的路线方针政策、确定纪律规矩时，每个党员和领导干部在从事党内外的公务时，都受到党内政治文化影响和支配，体现着党内政治文化。

党内政治文化涉及党员的思想和价值观、道德伦理、个体行为，涉及党的制度规矩、组织运行等多个层面。核心是弘扬忠诚老实、公道正派、实事求是、清正廉洁等价值观，坚决防止和反对个人主义、分散主义、自由主义、本位主义、好人主义，坚决防止和反对宗派主义、圈子文化、码头文化，坚决反对搞两面派、做两面人。事实上，搞宗派主义，就是一部分人为了个人私利而结成小利益集团，一切以小集团利益为出发点的思想和行为。圈子文化是基于个人主义、利己主义形成的,是宗派主义、山头主义利益集团或联盟的表现。码头文化实际上就是与宗派主义和圈子文化直接相关的江湖义气。其目的,都是为了将来好相互提携、互通款曲,"有的人只要是他工作过的地方,都利用手中的权力'正正规规'地搞团团伙伙,全要搞成他自己的领地,到处插手人事安排,关照自己小圈子里的人,结果他们就成了一根绳上的蚂蚱"。共产党人要坚持新时代党的组织路线,坚持正确选人用人导向,严格标准、健全制度、完善政策、规范程序,坚持德才兼备、以德为先,坚持五湖四海、任人唯贤,坚持信念坚定、为民服务、勤政务实、敢于担当、清正廉洁的好干部标准。把公道正派作为干部工作核心理念贯穿选人用人全过程,做到公道对待干部、公平评价干部、公正使用干部,使选出来的干部组织放心、群众满意、干部服气,忠于党的组织和党的原则,坚定自觉地维护党中央权威和集中统一领导,任何时候任何情况下都要与党同心同德,决不阳奉阴违、自行其是。

党内政治文化建设是个系统工程。针对党内政治生态中存在的问题,党的十八大以来,以习近平同志为核心的党中央吸收古今中外政治文明成果,不忘本来、吸收外来、面向未来,不断培厚良好政治生态的土壤,改善政治生态环境。

三、维护党中央权威和集中统一领导

党的领导是中国特色社会主义最本质的特征,是中国特色社会主义制度的最大优势，是做好党和国家各项工作的根本保证。坚持党的领导，首先是坚持党中央集中统一领导；维护党的权威，首先是维护党中央权威。要对党中央在思想上高度认同，政治上坚决维护，组织上自觉服从，行动上紧紧跟随。要在政治立场、政治方向、政治原则、政治道路上同党中央保持高度一致。这关系到党和国家的前途命运，关系到全国各族人民的根本利益。党的十九大报告指出："保证全党服从中央，坚持党中央权威和集中统一领导，是党的政治建设的首要任务。"

维护党中央权威和党中央集中统一领导，要具体到各级党组织的工作和全体党员的行动中去。要保持高度的政治清醒和政治自觉，严明政治纪律，严守政治规矩，把好政治方向，坚决听从党中央指挥，不阳奉阴违，不各自为政、自行其是，要有正确的大局观，把认识大局、把握大局、服从大局放在第一位，自觉站在党和国家大局上想问题、看问题，把本地区、本部门和自身工作放在党和国家大局中去谋划、去推进，不能只关心局部而忽视全局，不能为了局部而影响全局，要通过主动作为，创造性地开展工作，把党的方针政策和中央的决策部署落到实处。

维护党中央权威必须依靠民主集中制、依靠党的各个组织和全体党员来维护。党章规定的"四个服从"，是正确处理党内各种关系的基本遵循，有利于维护全党的集中和团结统一，有利于个人和集体、局部和整体、当前和长远利益的正确结合，有利于确保党的理论和路线方针政策正确制定和贯彻执行。

维护党中央权威必须牢固树立政治意识、大局意识、核心意识、看齐意识。在任何时候、任何情况下都保持清醒政治头脑和政治本色，严守党的政治纪律和政治规矩，站在党和国家大局上想问题、办事情、作决策、抓落实。不论哪一个领域、哪一个地区、哪一个部门、哪一个单位，不论哪一个党员干部，都要正确认识大局、自觉服从大局、坚决维护大局，要跳出一域促全局、站位全局谋一域，绝不能"上有政策、下有对策"，绝不能有令不行、有禁不止，绝不能在贯彻执行中央决策部署上打折扣、做选择、搞变通。要始终在思想上政治上行动上同以习近平同志为核心的党中央保持高度一致，时刻向党中央看齐，向党的理论和路线方针政策看齐，向党中央决策部署看齐，在关系全局的重大问题上，同以习近平同志为核心的党中央保持高度一致，做到党中央提倡的坚决响应、党中央决定的坚决执行、党中央禁止的坚决不做。这样才能把全党凝聚起来，进而把全国各族人民紧密团结起来，形成万众一心、无坚不摧的磅礴力量，实现中国梦。

维护党中央权威和维护习近平同志的核心地位是统一的。有一个"最有威信、最有影响、最有经验"的总书记作为核心，有利于凝聚中央委员会、中央政治局各位成员的智慧，凝聚各级领导干部的智慧，凝聚全党的智慧，有利于全党在政治立场、政治方向、政治原则、政治道路上同党中央保持高度一致。

维护党中央权威和中央集中统一领导，严肃纪律、作出制度安排更根本、更靠得住。党内重大事项、重要问题的请示报告制度是我们党的一项重要制度，是执行党的民主集中制的有效工作机制，也是维护党的集中统一的重要保障。根据新时代完成新任务的需要，党对重大问题报告制度作出细致严格的规定。《关于新形势下党内政治生活的若干准则》从维护党中央权威、维护党中央集中统一领导出发，深刻总结长期实践经验特别是党的十八大以来的新鲜经验，明确提出"全党必须严格执行重大问题请示报告制度"。《准则》着重从责任主体、报告对象、内容范围以及特殊要求等方面，对执行请示报告制度作出了明确规定。在责任主体和报告对象上，《准则》强调全国人大常委会、国务院、全国政协，中央纪律检查委员会，最高人民法院、最高人民检察院，中央和国家机关各部门，各人民团体，各省、自治区、直辖市，其党组织要定期向党中央报告工作。在内容范围上，《准则》从三个方面进行了明确，包括研究涉及全局的重大事项或作出重大决定要及时向党中央请示报告，执行党中央重要决定的情况要专题报告，遇有突发性重大问题和工作中重大问题要及时向党中央请示报告。在特殊要求上，《准则》明确遇有突发性重大问题和工作中重大问题，情况紧急必须临机处置的，要尽职尽力做好工作，并迅速报告。

各省、自治区、直辖市党委在党中央领导下开展工作，重大事项和重要情况及时向中央请示报告，从而维护党中央集中统一领导、确保党中央政令畅通。

全党严格执行重大问题请示报告制度，这既体现了继承性，又具有很强的现实针对性。应当看到，在实际工作中，有的党组织和领导干部组织观念、程序观念淡薄，认为请示报告是可有可无的小事，在处理一些应该由党中央和上级组织统一决定的重要问题时，或者在执行党中央重大决策部署和上级组织重要决定时，往往不请示、不报告，搞先斩后奏、边斩边奏，甚至斩而不奏。

党的十九大后不久，十九届中共中央政治局于 2017 年 10 月 27 日召开会议，审议了《中共中央政治局关于加强和维护党中央集中统一领导的若干规定》，明确要求，中央政治局全体成员要坚持每年向党中央和总书记书面述职；中央书记处和中央纪律检查委员会、全国人大常委会党组、国务院党组、全国政协党组、最高人民法院党组、最高人民检察院党组每年向中央政治局常委会、中央政治局报告工作。

四、科学制定和坚决执行党的路线方针政策

党的路线方针政策是党在一个时期内的最重要的政治主张与政治纲领。党的总路线，是党在一定时期为解决社会主要矛盾、完成党的主要任务而制定的总方针、总政策，是制定各项具体方针政策的根本指南。党的总路线，相对于具体工作路线而言，称为"基本路线"，相对于思想路线、组织路线、群众路线而言，称为"政治路线"。根据党的十九大党章规定，中国共产党在社会主义初级阶段的基本路线是：领导和团结全国各族人民，以经济建设为中心，坚持四项基本原则，坚持改革开放，自力更生，艰苦创业，为把我国建设成为富强民主文明和谐美丽的社会主义现代化强国而奋斗。概

括起来就是"一个中心,两个基本点"。"一个中心"是以经济建设为中心。"两个基本点"即坚持四项基本原则,坚持改革开放。

党的政治路线是制定各项具体工作路线和政策的根本依据,各项具体工作路线和政策则受它制约并为它服务。

党的思想路线是科学的世界观、方法论和马克思主义认识论的体现。新时代党的思想路线是一切从实际出发,理论联系实际,实事求是,在实践中检验真理和发展真理。党的思想路线是制定正确的政治路线和组织路线的基础,思想路线错了,党的政治路线肯定是错误的,党的政治路线错了,党的组织路线肯定是错误的。思想路线又是贯彻执行政治路线和组织路线的保证。在党的历史上,什么时候犯了经验主义、教条主义等思想路线方面的错误,什么时候党的政治路线就会出现错误,党的事业就会遭遇挫折。十一届三中全会以来40年改革发展取得的巨大成就,无一不是党的思想正确,保证了党的政治路线的正确制定与全面贯彻执行。

全党必须坚持新时代党的思想路线,积极探索,大胆试验,开拓创新,创造性地开展工作,不断研究新情况,总结新经验,解决新问题,在实践中丰富和发展马克思主义,推进马克思主义中国化。

党的组织路线是党在一定历史时期根据政治路线而制定的关于组织工作的根本方针、根本原则和根本政策。组织路线在党的政治路线、思想路线基础上制定的,为政治路线服务,是实现党的思想路线和政治路线的保证。新时代党的组织路线是:全面贯彻新时代中国特色社会主义思想,以组织体系建设为重点，着力培养忠诚干净担当的高素质干部，着力集聚爱国奉献的各方面优秀人才，坚持德才兼备、以德为先、任人唯贤，为坚持和加强党的全面领导、坚持和发展中国特色社会主义提供坚强组织保证。新时代党的组织路线是理论的也是实践的，要在推进党的建设新的伟大工程、落实全面从严治党的实践中切实贯彻落实。

党的群众路线是马克思主义认识论和历史唯物主义的体现，反映党和群众的关系。党在自己的工作中实行群众路线，一切为了群众，一切依靠群众，从群众中来，到群众中去，把党的正确主张变为群众的自觉行动。党的民主集中制是民主基础上的集中和集中指导下的民主相结合。它既是党的根本组织原则，也是群众路线在党的生活中的运用。

党的方针是党为实现其一定历史时期内的总路线而确定的指导党的事业前进的方向、原则、意见等的概要。在新时代，党的方针是：抓住机遇、深化改革、扩大开放、促进发展、坚持稳中求进工作总基调，迎难而上，开拓进取。

党的政策是党为了实现、维护自己所代表的阶级、阶层的利益与意志，在一定的历史时期内，以权威的、正式的文字的形式表达出来的要求达到的目标、遵循的原则、完成的任务。党的政策具有阶级性、有效性、时效性等特点。对内，党的政策包括经济政策、宗教政策、民族政策等治国理政方方面面。对外，党的政策即外交政策。在新时代党的对外政策是独立自主的和平外交政策。

科学制定和坚决有效贯彻执行党的路线方针政策是党领导一切的政治原则得以落实的载体。增强党的政治领导本领，制定完善党的路线方针政策是核心，贯彻党的路线方针政策是关键。习近平同志指出，党的领导与党的建设的全部工作，都是"一分部署，九分落实"。正是由于党的十一届三中全会以来的路线方针政策是正确的，保证了其执行中的有效性，才使党通过团结带领全国各族人民不懈奋斗，推动我国经济实力、科技实力、国防实力、综合国力进入世界前列，推动我国国际地位实现前所未有的提升，党的面貌、国家的面貌、人民的面貌、军队的面貌、中华民族的面貌发生了前所未有的变化，中华民族正以崭新姿态屹立于世界的东方，我们比历史上任何时期都更接近、更有信心和能力实现中华民族伟大复兴的目标。

科学制定党的路线方针政策必须基于世情、国情、党情，必须坚持民主集中制，充分发扬党内民主、善于进行正确集中，凝聚全党智慧。要冷静观察、谨慎从事、谋定后动。要保持党的路线方针政策的科学性、稳定性、连续性，不可朝令夕改。这是国家稳定发展的必然要求。

各级党组织和全体党员都要不折不扣贯彻落实党的路线方针政策和中央重大决策部署，"不用扬鞭自奋蹄"，自觉把思想认识统一到中央对形势的分析判断上来，把力量凝聚到实现经济社会发展的各项目标任务上来。紧密联系实际，创新工作方法，根据本地区本部门的现实条件、发展状况、发展目标，以及干部群众的思想状况、工作状况等，制定出本单位本部门落实党的路线方针政策和上级党组织决议的正确的工作计划和工作措施，领导人民群众把党的路线方针政策落到实处。

党的基层组织是确保党的路线方针政策和决策部署贯彻落实的基础。要以提升组织力为重点，突出政治功能，不断加强基层党组织建设，发挥共产党员先锋模范作用，让党员在生产、工作、学习和一切社会活动中，发挥好带头作用、骨干作用和桥梁作用。发挥党员带头作用，就是共产党员要处处走在前头，成为群众的表率和榜样，做到一个党员就是一面树起的旗帜。发挥党员的骨干作用，就是共产党员要在完成党的任务过程中敢于担当善于作为，成为群众的中坚。发挥党员的桥梁作用，就是共产党员要及时把党的路线方针政策及重大决策部署向群众宣传、解释，并把群众的意见及时向党组织反映，使自己成为党组织和群众密切联系的桥梁与纽带。

增强政治领导本领要在作风养成中树立党的形象，增强党对群众的感召力，凝聚群众，放大党的力量。党的作风关乎党的生死存亡，决定党的基本路线的执行效果。党的十九大指出，党的作风建设永远在路上，全党要持之以恒克服形式主义、官僚主义，久久为功祛除享乐主义和奢靡之风，树立和维护党的全心全意为人民服务的光辉形象，巩固党执政的群众基础。

五、坚持战略思维、创新思维、辩证思维、法治思维、底线思维

思维是人用头脑进行逻辑推导的属性、能力和过程。思

维以感知为基础又超越感知的界限，借助于已有的知识和经验，已知的环境和条件，推测未知的事物，探索与发现事物的内部本质联系和规律性。分析与综合、比较与分类、抽象与概括是最基本的思维活动。

（一）坚持战略思维谋求全局、把握趋势，避免陷于具体事务，一叶障目，做到大事不糊涂，目标不漂移，始终不畏浮云遮望眼

战略思维，就是高瞻远瞩、统揽全局，把握事物发展总体趋势和方向。坚持战略思维，要视野开阔、胸襟博大，以小见大、见微知著，站在时代前沿和战略全局的高度观察、思考和处理问题，透过现象把握事物的本质和发展的内在规律。要做到既抓住重点又统筹兼顾，既立足当前又放眼长远，在解决突出问题中实现战略突破，在把握战略全局中推进各项工作。毛泽东在《中国革命战争的战略问题》里说，没有全局在胸，是不会真的投下一着好棋子的。

实现中国梦，需要共产党人"不到长城非好汉"的进取精神，更要有"乱云飞渡仍从容"的战略定力。当今世界，风云变幻，面对纷繁复杂的国际形势我们要坚持战略思维，平心静气、静观其变。要集中精力做好自己的事，坚定不移走和平发展道路，积极构建以合作共赢为核心的新型国际关系。要善于审时度势、内外兼顾、趋利避害，从国际形势和国际条件的发展变化中把握方向、用好机遇、创造条件、驾驭全局，对形势判断准确，对发展谋划科学，对未来赢得主动，做到"任凭风浪起，稳坐钓鱼船"，避免心理上患得患失、行动上犹豫不决、战略上摇摆不定，随波逐流，错失发展良机。

随着我国改革不断向纵深推进，改革发展任务艰巨繁重，各种思想文化相互激荡，各种矛盾相互交织，各种诉求相互碰撞，各种力量竞相发声，推进改革的敏感程度、复杂程度前所未有。在这种情况下，共产党人必须始终坚持战略思维，保持清醒头脑，不为各种错误观点所左右，不为各种干扰所迷惑，坚持一切从实际出发，该改的坚决改，不能改的坚决守住，牢牢把握改革的领导权和主动权。2013年10月7日，在亚太经合组织工商领导人峰会上，习近平同志指出："中国是一个大国，决不能在根本性问题上出现颠覆性错误，一旦出现就无法挽回、无法弥补。"我们的改革要蹄疾步稳，既要大胆探索、勇于开拓，也要稳妥审慎、三思而后行，使党和人民事业才能立于不败之地，继往开来、砥砺前行。

（二）坚持创新思维谋求发展，勇于打破常规，积极开拓，不断进取，致力于解决根本性、全局性、长远性问题

创新，是利用现有的硬的、软的环境与条件，改进或创造新的理念、体制、技术、方法、事物等，把原来没有的创造出来，原来有的要素重新组合，体现在理论创新、制度创新、技术创新、管理创新等方面。创新是一个民族进步的灵魂，是国家兴旺发达的不竭动力。新时代，创新是引领发展的第一动力。抓创新就是抓发展，谋创新就是谋未来。唯改革者进，唯创新者强，唯改革创新者胜。

创新思维是指以新颖独特的视角、方法去观察、思考、解决问题，提出与众不同的解决方案，产生独到的、有社会意义的思维成果。创新思维是创新实践的前提，是创造能力发挥的前提。坚持创新思维，要敢于主动超越陈规，善于因时因事而变。2013年5月4日，习近平同志在同各界优秀青年代表座谈时指出："生活从不眷顾因循守旧、满足现状者，也从不等待不思进取、坐享其成者，而是将更多机遇留给那些勇于创新的人们。"坚持创新思维，就是要有敢为人先的锐气，打破思维定势，打开思维空间，以思想认识的新飞跃，打开工作的新局面。

创新是有风险的。这里的创新风险是指由于外部环境的不确定性、创新本身的难度与复杂性、创新者自身能力与实力的有限性，而导致创新活动达不到预期目标的可能性。从世界范围内看，创新的成本很高，风险很大，被称为成本高昂但不能不玩的游戏，"创新是找死，不创新是等死"，但是，无论创新成本多高、风险多大，都是改革发展不二的选择。可以选择的是降低创新成本。降低创新成本，要给创新设定方向和约束条件。邓小平提出"三个有利于"，即，有利于发展社会主义社会的生产力、有利于增强社会主义国家的综合国力、有利于提高人民的生活水平，为创新拓展了空间、指明了方向。

（三）坚持辩证思维谋求抓住根本，在成绩面前看到不足，在失败中看到希望，调动一切积极因素，化解消极因素，统筹兼顾，不偏废，不偏激，不简单化、绝对化

辩证思维，是以变化发展的视角认识事物的思维方式，是运用辩证法的规律进行思维，主要运用质与量互相转化、对立统一、否定之否定三个规律。

坚持辩证思维就是要运用辩证唯物主义观察事物、分析问题、解决问题，避免"一根筋"，"走极端"，遇到矛盾，既看到正方，也看到反方；既想到这一面，也想到另一面；既顾及有利的一面，也顾及不利的一面，总之不偏废，不偏激。

坚持辩证思维，要承认矛盾无处不在，在改革发展中各种矛盾错综复杂，要敢于面对，认真分析，才能积极寻找办法，予以妥善解决。要在矛盾双方对立统一过程中把握事物发展规律，抓住主要矛盾和矛盾的主要方面，抓住关键、找准重点，才有可能取得事半功倍的效果。要克服极端化、片面化，不能夸大成就，沾沾自喜，固步自封，也不能放大困难，畏葸不前。我们的事业越是向纵深发展，就越要坚持辩证思维，提高辩证思维能力。

（四）坚持法治思维谋求善治，依法治国、依法执政、依法行政一体推进

领导干部要"按照制度规则行使法定权力"。做到"法有授权必须为，法无授权不可为"，既要积极作为，又不能乱作为，要做到"行有所止"。习近平同志在2015年1月12日中央党校县委书记研修班学员座谈会上强调："做决策、开展工作多想一想法律的依据、法定的程序、违法的后果，自觉当依法治国的推动者、守护者。"

（五）坚持底线思维，谋求改革发展的主动

要居安思危、未雨绸缪，要始终坚守道德底线、严守纪律高压线，远离法律红线。

坚持底线思维，就是设定最低目标，凡事从坏处准备，努力争取最好的结果，在改革发展中有备无患，牢牢把握主动权。改革发展40年，成就巨大时，坚持底线思维，就是要居安思危、增强忧患意识，宁可把形势想得更复杂一点，把挑战看得更严峻一些，做好应付最坏局面的思想准备。要增强前瞻意识，把工作预案准备得更充分、更周详，做到心中有数、处变不惊。1945年毛泽东同志在党的七大上作结论报告，在讲"准备吃亏"、准备对付困难时一口气列了17条困难。毛泽东同志说："许多事情是意料不到的，但是一定要想到，尤其是我们的高级负责干部要有这种精神准备，准备对付非常的困难，对付非常的不利情况。"

坚持底线思维，要设定不可能触碰的道德的、纪律的、法律的底线。共产党是一个承担着神圣历史使命的政治组织，党员尤其是领导干部必须具有高于一般群众的社会公德、家庭美德、个人品德，必须遵守标准严于国家法律的党内纪律，不能凌驾于国家法律之上。

坚持底线思维，要恪守原则问题。如，我们坚定不移走中国特色社会主义道路，决不能在根本性问题上出现颠覆性错误；我们要坚持走和平发展道路，但决不能放弃我们的正当权益，决不能牺牲国家核心利益；发展决不能以牺牲人的生命为代价等。

党政军民学，东西南北中，党是领导一切的。坚持党领导一切的政治原则，必须完善坚持党的领导的体制机制，坚持稳中求进工作总基调，统筹推进"五位一体"总体布局，协调推进"四个全面"战略布局，提高党把方向、谋大局、定政策、促改革的能力和定力，实现科学领导、民主领导、依法领导，做到总揽全局、协调各方。

第三讲 增强改革创新本领

"唯改革者进,唯创新者强,唯改革创新者胜"。党的事业越发展,新情况新问题越会层出不穷,要应对的重大挑战、抵御的重大风险、克服的重大阻力、解决的重大问题越来越多。全党同志尤其是领导干部更要积极作为、主动作为,牢牢把握我国社会主要矛盾转化,创造性推动工作。要不断解放思想,牢固树立互联网思维,善于运用互联网技术和信息化手段开展工作。

"唯改革者进，唯创新者强，唯改革创新者胜"。党的事业越发展，新情况新问题越会层出不穷，要应对的重大挑战、抵御的重大风险、克服的重大阻力、解决的重大问题越来越多，更需要我们党增强改革创新本领。党的十九大报告强调："增强改革创新本领，保持锐意进取的精神风貌，善于结合实际创造性推动工作，善于运用互联网技术和信息化手段开展工作。"

一、改革创新是共产党人的精神品质

改革创新精神，向来都是时代精神，是中国共产党的精神品质。中国共产党从诞生的那一天起，就不断地改革创新，打碎旧世界，建设新国家。1978年改革开放以来，改革让我们取得了举世瞩目的伟大成就。新时代，只有改革创新，才能进一步破除一切不合时宜的思想观念和体制机制障碍，激发全社会的创造力和发展活力。习近平同志在2013年12月31日召开的全国政协新年茶话会上强调："我们要大力弘扬与时俱进、锐意进取、勤于探索、勇于实践的改革创新精神。"

改革开放以来，中国社会的文明进步的过程是一个不断改革创新的过程。以中共十一届三中全会为标志，中国开启了改革开放历史征程。从农村到城市，从试点到推广，从经济体制改革到全面深化改革，40年众志成城，40年砥砺奋进，40年春风化雨，中国人民用双手推动中国发生了翻天覆地的变化。今天，中国已经成为世界第二大经济体、第一大工业国、第一大货物贸易国、第一大外汇储备国。40 年来，按照可比价格计算，中国国内生产总值年均增长约 9.5%；以美元计算，中国对外贸易额年均增长 14.5%。中国人民生活从短缺走向充裕、从贫困走向小康，现行联合国标准下的 7 亿多贫困人口成功脱贫，占同期全球减贫人口总数 70% 以上。中国共产党 40 年的改革实践充分证明，改革进行到什么程度，事业就发展到什么程度；什么地方的改革越深入，什么地方的发展就越顺利。

中国特色社会主义进入新时代，改革创新是大势所趋，我们必须在新时代新起点上乘势而上，把中国特色社会主义伟大事业继续向前推进。2018 年 3 月 7 日，习近平同志在参加十三届全国人大一次会议广东代表团政府报告审议时强调："发展是第一要务，人才是第一资源，创新是第一动力。中国如果不走创新驱动道路，新旧动能不能顺利转换，是不可能真正强大起来的，只能是大而不强。"2015 年 10 月，习近平同志在党的十八届五中全会上指出，我国同发达国家的科技经济实力差距主要体现在创新能力上。提高创新能力，必须夯实自主创新的物质技术基础，加快建设以国家实验室为引领的创新基础平台。

改革创新必须逢山开路、遇水架桥，正确把握全面深化改革脉搏，追求改革创新成效。这是新时代对共产党人的召唤，也是全社会共识。党的十八大以来，以习近平同志为核心的党中央协调推进"四个全面"战略布局，把全面深化改革的总目标明确为完善和发展中国特色社会主义制度、推进国家治理体系和治理能力现代化，在统筹推进经济、政治、文化、社会、生态文明"五位一体"总体布局的同时，推进党的建设制度改革、国防和军队现代化改革，实现中国特色社会主义事业全面发展、全面进步。在重大改革举措、在重要领域和关键环节，坚持正确的改革方向，提出有效的改革措施，防止在根本性问题上出现颠覆性错误。

改革的本质特征在于创新。党的十八大以来我们党推动的全方位创新，不仅体现在理论创新、实践创新、制度创新等方面，而且体现在推进供给侧结构性改革中。贯彻新发展理念、推动经济高质量发展和全面深化改革相贯通的供给侧结构性改革，核心在于推动体制机制创新，重点是用改革的办法推进结构调整，优化存量资源配置，减少无效和低端供给，扩大优质增量供给特别是中高端供给，推动实现更高层次的供需动态平衡。

发展是新时代改革创新的出发点和落脚点。平衡发展、协调发展、人与自然和谐的绿色发展、国内国外联动开放发展、解决社会公平正义问题的共享发展，都是为新时代全面深化改革确立的问题导向、目标导向、价值导向，都彰显观念创新和实践探索的相互促进、改革创新和发展创新的同向发力。

改革创新要处理好顶层设计和摸着石头过河的关系，更加注重改革的系统性、整体性、协同性，注重在国家治理体系和治理能力现代化上形成整体效应、取得预期效果，要坚持改革和法治同步推进，改革在法治轨道上运行，法治在改革中完善，积极发挥法治对改革的规范、保障作用，增强改革的穿透力。要把党领导的改革创新同全面从严治党结合起来,以党的自我革命推动党领导的伟大社会革命,在党领导的社会革命和党的自我革命中推进改革,冲破思想观念束缚,破除利益固化藩篱,使党在新时代展现新担当、新作为,在全面建成小康社会、实现第一个百年奋斗目标的基础上,开启全面建设社会主义现代化国家新征程,向第二个百年奋斗目标进军。

改革创新要坚持以人民为中心,为人民谋幸福。党的一切工作必须以最广大人民根本利益为最高标准。改革创新要坚持一切为了人民、紧紧依靠人民。党的十九大报告强调:"全党必须牢记,为什么人的问题,是检验一个政党、一个政权性质的试金石。"人民,是改革创新不竭的力量源泉,改革创新要紧紧依靠人民;为人民服务,是中国共产党的宗旨,改革创新必须坚持以人民为中心的价值取向,把人民对美好生活的向往作为奋斗目标,把人民拥护不拥护、赞成不赞成、高兴不高兴、答应不答应作为衡量一切工作得失的根本标准,让改革发展成果更多更公平惠及全体人民。

人民的需求是党工作的指南针,是改革创新的方向。改革创新是否成功,归根结底要看是否把群众的痛点当作工作的着力点,扎扎实实在人民群众最关心最直接最现实的利益问题上做文章、下功夫,着力破解民生难题,补齐民生短板,多谋民生之利、多解民生之忧,不断促进社会公平正义,使人民的获得感、幸福感、安全感更加充实、更有保障、更可持续。

改革创新要善于结合实际创造性推动工作。要紧密结合地方实际、部门实际、行业实际、岗位实际,讲实话、办实事、求实效。要坚持问题导向，紧密联系改革发展中的重大理论与现实问题、干部群众关心的热点难点问题进行深入思考、调查研究，摸准情况、弄清趋势、精准发力，确保党中央各项决策部署落地生根、开花结果。

改革工作能否落实到位，落实责任是关键。在2015年12月9日中央全面深化改革领导小组第十九次会议的讲话，习近平同志强调，要抓好部门和地方两个责任主体，把改革责任理解到位、落实到位，以责促行、以责问效，抓紧抓实改革方案制定、评估、督察、落实等各个环节，做到全程跟进、全程负责、一抓到底。要形成上下贯通、层层负责的主体责任链条，健全能定责、可追责考核机制，条条线都要拉直绷紧。地方各级党委对本地区改革任务承担主体责任，党委书记既要亲自抓改革部署，又要亲自抓改革督办，一级抓一级，层层传导压力，确保改革方案落地生根。

改革创新要建立容错纠错机制，给干事创业的干部撑腰鼓劲。在新时代，经济增长速度换挡期、结构调整阵痛期、前期刺激政策消化期"三期叠加"，必须激发制度活力，激活基层经验，激励干部改革创新。

改革创新有风险，要允许试错，允许不成功。各级党组织要创新宽容失败、允许试错、有错必改的一整套机制，旗帜鲜明地支持、保护、鼓励改革创新者，让干部打消顾虑，挺直腰杆、甩开膀子、迈开步子，在新时代新征程中只争朝夕、勇立潮头，奋力改革创新、攻坚克难，不断开拓进取，敢于担当，善于作为，推动各项决策部署有效落实，把党的十九大精神落到实处。为此，党的各级组织都要做到"三个区分开来"（即把干部在推进改革中因缺乏经验、先行先试出现的失误和错误，同明知故犯的违纪违法行为区分开来；把上级尚无明确限制的探索性试验中的失误和错误，同上级明令禁止后依然我行我素的违纪违法行为区分开来；把为推动发展的无意过失，同为谋取私利的违纪违法行为区分开来），保护那些作风正派又敢作敢为、锐意进取的干部。2018年5月，中共中央办公厅印发《关于进一步激励广大干部新时代新担当新作为的意见》，为激励干部担当实干、开拓创新提供了制度保障。

党的十九大报告提出，要加快建设创新型国家，建设科技强国、质量强国、航天强国、网络强国、交通强国、数字中国、智慧社会，实现治理体系和治理能力现代化，这就必须增强改革创新本领，克服消极懈怠、故步自封、夜郎自大，以发展的眼光看待世界，以改革的精神谋求发展，以创新的思维推动工作。要坚定不移贯彻创新、协调、绿色、开放、共享发展理念，大力实施技术创新、管理创新、机制创新，不断完善科学发展举措、提升科学发展成效。要以脚踏实地、与时俱进、时不待我的进取精神，克服畏难情绪，勇于探索，敢做敢当。

二、解放思想、锐意进取

解放思想，就是使思想和实际相符合，使主观和客观相符合，就是实事求是。思想是行动的先导。解放思想是改革创新的关键。增强改革创新本领，必须解放思想，实事求是，树立改革创新理念，摒弃束缚手脚的"老调调""老框框""老套套"，大胆探索，敢于突破，敢啃硬骨头、敢涉险滩。要自觉把思想认识从对马克思主义错误和教条式的理解中解放出来，从主观主义的桎梏中解放出来。如果总是为乌鸦投石饮水智慧自鸣得意，就无法理解吸管饮水的便捷高效；如果总是为BP机的发明欢呼雀跃，就无法融入互联互通的网络世界。

在中国革命与建设、改革开放与新时代发展的近百年历程中，中国共产党不断解放思想，打破思维定势，克服主观偏见，研究新情况、解决新问题，把主观世界的思维意识与变化了的客观实际结合起来，不断地深入认识世界、改造世界。在社会主义建设时期，毛泽东多次强调要解放思想。早在1958年，针对当时党内存在的教条主义比较严重的状况，他指出：把思想活泼一下。脑子一固定，就很危险……要多想，不要死背经典著作，而要开动脑筋，使思想活泼起来。1978年12月，在中央工作会议闭幕会上，邓小平作了《解放思想，实事求是，团结一致向前看》的总结讲话，明确指出："只有思想解放了，我们才能正确地以马列主义、毛泽东思想为指导，解决过去遗留的问题，解决新出现的一系列问题。"这开启了中国共产党历史的又一次的思想解放，成为党和国家实行改革开放新政策的序言和宣言。

党的十八大以来，我党深刻认识到，全面深化改革，是中国全面发展进步的唯一正确选择，"解放思想是首要的"。2013年11月15日，习近平同志在《中共中央关于全面深化改革若干重大问题的决定》说明中指出:"解放思想永无止境,改革开放也永无止境,停顿和倒退没有出路。""要有新突破,就必须进一步解放思想。"

解放思想必须实事求是。毛泽东同志 1941 年在《改造我们的学习》中曾对实事求是作过经典阐述,他说:"'实事'就是客观存在着的一切事物,'是'就是客观事物的内部联系,即规律性,'求'就是我们去研究。"坚持实事求是,要从实际对象出发,探求事物的内部联系及其发展的规律性,认识事物的本质,按照事物的实际情况办事。邓小平同志在 1992 年的南方谈话中深刻指出:"实事求是是马克思主义的精髓。要提倡这个,不要提倡本本。我们改革开放的成功,不是靠本本,而是靠实践,靠实事求是。"习近平同志 2013 年 12 月 26 日在纪念毛泽东同志诞辰 120 周年座谈会上讲话时指出:"实事求是,是马克思主义的根本观点,是中国共产党人认识世界、改造世界的根本要求,是我们党的基本思想方法、工作方法、领导方法。"我们党在改革开放 40 年间取得的成就,是中国共产党实事求是思想路线的伟大胜利。正是由于坚持实事求是,我们党把马克思主义基本原理同中国改革开放的具体实际结合起来,不断深化对共产党执政规律、社会主义建设规律、人类社会发展规律的认识,创造性地回答和解决了一系列重大理论和实际问题,为坚持和发展中国特色社会主义提供了体现时代性、把握规律性、富于创造性的理论指导,使中国大踏步赶上了时代,实现了中华民族从站起来、富起来到强起来的伟大飞跃。

坚持实事求是,要求解放思想,不能盲目决策。解放思想必须坚持基于我国仍处于并将长期处于社会主义初级阶段这个基本国情、最大实际，深入了解真实的情况，为了人民利益坚持真理、修正错误，坚持以人民为中心的发展思想，为人民谋福祉，让人民群众有更多的获得感、幸福感、安全感。

解放思想是探索规律、追求真理的过程，也是运用科学方法研究问题、解决问题的过程。解放思想要学习和掌握事物矛盾运动的原理和规律，运用辩证唯物主义和历史唯物主义，坚持具体问题具体分析，透过现象看本质，从偶然中揭示必然，见微知著，把握规律，重点解决事关战略全局、事关长远发展、事关人民福祉的问题，以重点突破带动整体推进，推动事业全面发展。

解放思想要体现在行动中。面对复杂的国际环境和艰巨的国内改革发展任务，以习近平同志为核心的党中央开动脑筋，提出了一系列新理念、新思想、新战略，解决了许多长期想解决而没有解决的难题，办成了许多过去想办而没有办成的大事，经济实力、科技实力、国防实力和综合国力不断增强，科技整体能力持续提升，中国连续多年对世界经济增长贡献率达30%，成为世界经济增长的主要稳定器和动力源。

没有解放思想，就没有革命的胜利、没有改革开放的成功、没有中国特色社会主义。中国共产党人不断解放思想，才取得了举世瞩目的成就，实现了前所未有的历史性变革，前所未有地接近实现中华民族伟大复兴的目标，前所未有地具有实现这一目标的能力和信心。面对未来，要实现中华民族伟大复兴的中国梦的新目标，思想再解放，不仅是"头脑风暴",更是全党实际工作,是积极作为、主动作为。

解放思想永无止境。在解放思想的过程中,必须处理好解放思想与统一思想的关系。解放思想,就是使思想和实际相符合、使主观和客观相符合。解放思想有其基本特点,一是创新性,对原来的不符合变化了的实际的思想给予否定;二是颠覆性,对错误的思想进行自我否定;三是包容性,允许不同的思想交流、交锋;四是开放性,人类的认知水平总是有局限的,思想必然有一个不断进化、自我扩充过程;五是平等性,不能以思想者社会地位不同区分思想的正误。解放思想不能搞乱思想,而是克服思想观念上的各种障碍,克服因循守旧、固步自封,搞活思想,给思想以自由,给思想表达以自由,这是一个社会思想创新、科学创新、制度创新的前提。自由的思想、自由地表达思想,有的正确、有的错误,最后只有适合人类需求或社会发展的那部分才被实践,并且只有经过实践检验的才会广泛传播,被广泛接受,这才有了今不断发展的物质文明,才有了现代民主政治,才有了长期繁荣、稳定的社会。我们一直以来倡导的解放思想,坚决反对主观主义、教条主义、形式主义,防止思想僵化、观念保守、思维偏执,促进新时代百花齐放、百家争鸣,促进认识与实践、理论与实际的良性互动。解放思想,就必须增强创新意识、改革意识,增强创新能力和全面深化改革能力。

统一思想,是为实现某种目标、为众人统一步调、统一行动而达成的思想一致。统一思想不是禁锢思想,不是要造成思想僵化、思想保守、思想停滞的局面,而是要克服思想观念上的分散主义、自由主义,更好地贯彻民主集中制,增进思想上的共识，促进行动上的共为，在尊重多样性的基础上统一意志，用共产主义远大理想和中国特色社会主义共同理想统一全党前进方向，用"两个一百年"奋斗目标凝聚人心，用习近平新时代中国特色社会主义思想统一思想、指导实践、推动工作。

解放思想与统一思想二者主题一致。改革开放40年来的解放思想和统一思想始终围绕中国特色社会主义来展开，贯穿于中国特色社会主义理论体系形成和发展的全过程，二者精髓一致。解放思想的精髓是实事求是。解放思想是建立在尊重规律、探索规律、把握规律这一唯物主义方法论基础之上的。邓小平在1979年7月29日接见中共海军委员会常委扩大会议全体同志时指出："不解放思想……不可能把人民的积极性统统调动起来，也就不可能搞好现代化建设，显示出社会主义制度的优越性。"[①] 统一思想的精髓也是实事求是。统一思想是一个思想演进过程，只有实事求是，做到主观和客观、理论和实践、知和行的具体的历史的统一，才能有真实的思想统一，才能产生思想统一基础上的行动一致。二者目的一致。解放思想和统一思想的目的，都是推进中国特色社会主义伟大事业，实现中华民族伟大复兴中国梦。

锐意进取是我们党作为马克思主义执政党永不懈怠、一往无前的奋斗姿态。在实现中国梦的征程中，遇到困难不动摇，遇到挫折不消极，把党的十九大描绘出的宏伟蓝图变成现实，这既需要顶层设计的源头活水，也需要各级干部带领

---

① 《邓小平文选》（第二卷），人民出版社1994年版，第191页。

群众积极探索实践。要把顶层设计与基层创新紧密结合起来。开放，要有格局；改革，要有魄力；创新，要有锐气，要不断锐意进取，紧跟时代步伐，勇往直前。中国40年的改革开放历史，就是一部锐意进取、开拓创新、把握时代机遇的历史。中国特色社会主义进入新时代，共产党人只有保持锐意进取的精神和求真务实、埋头苦干的劲头，才能善用新思路，解决新问题，取得新成就。

  锐意进取既要仰望星空，又要脚踏实地、埋头苦干。党和人民的事业越是宏伟，前进路上越是会遇到困难挫折。在新的历史征程上，成功只有一条路，就是困难无数，决不动摇；改革创新，砥砺前行。我们要坚定信心，以"永不懈怠的精神状态和一往无前的奋斗姿态"，认准目标，明确各项工作的时间表、路线图。既要全面建成小康社会、实现第一个百年奋斗目标，又要开启全面建设社会主义现代化国家新征程，向第二个百年奋斗目标进军。做到心中有大局、干事有方向，每项任务落实都要有时间表、路线图，做到跑表计时、到点验收。2017年7月19日习近平同志主持召开中央全面深化改革领导小组第三十七次会议时强调，要敢于担当、善谋实干、锐意进取。不论在哪个层级推进改革、开展工作，都要坚持在大局下谋划、在大势中推进、在大事上作为。地方党委要坚持实事求是，在实施方案上要上连天线、下接地气，各项指标要切实可行，实施措施要务实管用，拿起来就能干；在改革推进上，要讲求战略战术，注意方式方法，做到成熟一个推进一个，办一件事成一件事；在评价改革成效上要坚持群众立场，关键要看办成了多少事，解决了多少实际问题，群众到底认不认可、满不满意。要坚持讲求效率。速度是效率，方法对头是效率，减少失误也是效率。对滞后的工作要倒排工期，迎头赶上，对一些难度大的改革，主要负责同志要亲自推动，跟踪进度，敲钟问响。党的十九大报告再次强调："历史只会眷顾坚定者、奋进者、搏击者，而不会等待犹豫者、懈怠者、畏难者。"

坚持锐意进取，要发扬敢为天下先的改革精神，勇立时代潮头，敢于做别人没有做过的事，敢于走前人没有走过的路，破除改革中的阻力，统筹推进各项工作。2015年12月9日，在中央全面深化改革领导小组第十九次会议上，习近平同志指出："不管是落实已出台的改革，还是推出新的改革举措，都更加需要披荆斩棘的勇气，更加需要勇往直前的毅力，更加需要雷厉风行的作风。"这样，才能以思想的新解放、改革的新突破、创新的新成果，推动各项工作取得新进展。

三、牢牢把握我国社会主要矛盾转化，创造性推动工作

经过40年的改革发展，我国社会主要矛盾已经转化为人民日益增长的美好生活需要和不平衡不充分的发展之间的矛盾。

矛盾无处不在。矛盾是发展变化的。中国社会的主要矛盾也不可能一成不变。在中国共产党98年的奋斗历史中，善于抓住主要矛盾，根据主要矛盾的变化及时确立党的工作重

点和国家的发展战略，是党不断开拓创新、迎难而上、改革发展的成功经验。新中国成立后召开的党的八大，明确阐述了我国社会的主要矛盾，指出：随着社会主义改造已经取得决定性的胜利，"我们国内的主要矛盾，已经是人民对于建立先进的工业国的要求同落后的农业国的现实之间的矛盾，已经是人民对于经济文化迅速发展的需要同当前经济文化不能满足人民需要的状况之间的矛盾"。基于我国社会主要矛盾的判断，党的八大提出党和全国人民当前的主要任务，就是要集中力量把我国尽快地从落后的农业国变为先进的工业国。突出了实现工业化和发展生产力这一根本任务。党的八大之后，由于"左"的指导思想的发展，党对我国国内基本形势作出了错误的估计，把社会主义社会中一定范围内存在的阶级斗争扩大化，提出了无产阶级同资产阶级的矛盾仍然是我国社会主要矛盾的错误判断，坚持"以阶级斗争为纲"和"无产阶级专政下的继续革命"，在实践中给党的事业和国家发展带来了巨大的损失。1978年12月，党的十一届三中全会果断终止"以阶级斗争为纲"，恢复实事求是思想路线，为正确认识社会主要矛盾奠定了思想基础。次年，邓小平在党的理论工作务虚会上的讲话中指出："我们的生产力发展水平很低，远远不能满足人民和国家的需要，这就是我们目前时期的主要矛盾，解决这个主要矛盾就是我们的中心任务。"[①] 1981年，在党的十一届六中全会上通过了《关于建国以来党的若干历史问题的决议》。决议明确指出，我国社会主要矛盾

---

① 《邓小平文选》（第二卷），人民出版社1994年版，第182页。

是"人民日益增长的物质文化需要同落后的社会生产之间的矛盾"。这一判断，成为党制定改革开放政策和一个中心两个基本点的基本路线、做出重大部署的基本依据。在经历近40年改革发展之后，党和国家事业发生了历史性变革，取得了举世瞩目的巨大成就，中国特色社会主义进入新时代，党的十九大根据我国当前经济社会发展的总体形势和近几年供求关系变化状况、趋势，明确指出，"我国社会主要矛盾已经转化为人民日益增长的美好生活需要和不平衡不充分的发展之间的矛盾"。

基于对社会主要矛盾的转化的判断，党要提高改革发展能力，必须深刻认识到，解放和发展社会生产力，是社会主义的本质要求。我们要激发全社会创造力和发展活力，努力实现更高质量、更有效率、更加公平、更可持续的发展。党的十九大报告指出："我国经济已由高速增长阶段转向高质量发展阶段，正处在转变发展方式、优化经济结构、转换增长动力的攻关期，建设现代化经济体系是跨越关口的迫切要求和我国发展的战略目标。必须坚持质量第一、效益优先，以供给侧结构性改革为主线，推动经济发展质量变革、效率变革、动力变革，提高全要素生产率，着力加快建设实体经济、科技创新、现代金融、人力资源协同发展的产业体系，着力构建市场机制有效、微观主体有活力、宏观调控有度的经济体制，不断增强我国经济创新力和竞争力。"

在全面建成小康社会，开启实现第二个百年奋斗目标的新征程上，我们必须重点深化基础性关键领域改革。围绕做强做优做大国有资本，推进国有企业优化重组和混合所有制改革。支持民营企业发展，坚决破除各种隐性壁垒。以保护产权、维护契约、统一市场、平等交换、公平竞争为基本导向，完善产权制度和要素市场化配置机制。深化财税体制改革，合理划分中央与地方财政事权和支出责任，健全地方税体系，改革个人所得税收制度。围绕增强服务实体经济能力，特别是解决好小微企业融资难、融资贵问题，深化金融体制改革。推进社会体制创新。健全生态文明体制。同时，要加快建设创新型国家。加强国家创新体系建设，强化基础研究、应用基础研究和原始创新，推动创新成果加快转化应用。推进科技创新，关键是调动科技人员的积极性。要抓紧修改或废止有悖于激励创新的陈规旧章，下决心砍掉有碍于释放创新活力的繁文缛节。要促进大众创业、万众创新上水平，把各类创新主体的潜能充分释放出来，跑出中国发展创新"加速度"。

四、善于运用互联网技术和信息化手段开展工作

不管你是否愿意，我们都进入了互联网时代。

网络是信息传输、接收、共享的平台，通过它把各个点、面、体的信息联系到一起，从而实现这些资源的共享。随着网络通信技术和信息化手段的快速发展与融合，形成了以获取信息、传输信息、存储信息、处理信息及信息应用、信息管理等为特征的新型互联网技术。互联网技术是人类发展史上重要的发明，是人类又一个信息处理与传播的伟大创造。

从人类的信息传播最早的言传身教，到龟壳石刻的高成本记载，到造纸和印刷术的使用，到网络快速高容量的记载及快速传播，极大地促进了科技和人类社会的发展。通过使用互联网，全世界范围内的人们既可以互通信息，交流思想，又可以获得各个方面的知识、经验和信息，没有歧视，不分国籍、种族、性别、年龄、贫富，互相传送经验与知识，发表意见和见解。

网络的诞生，让人类的生活更便捷和丰富，从而促进全球人类社会的进步。随着互联网在全球范围内的扩展，中国互联网快速发展，中国 ISP（Internet Service Provider，互联网服务提供商）和 ICP（Internet Content Provider，互联网内容服务商）的数量不断增加，提供的服务不断丰富。2016 年 4 月 19 日，习近平同志在主持召开网络安全和信息化工作座谈会中指出，我国互联网和信息化工作取得了显著发展成就，网络走入千家万户，网民数量世界第一，我国已成为网络大国。根据《中国互联网络发展状况统计报告》（2018 年第 41 次），截至 2017 年底，中国网站数量为 533 万个，网民规模达 7.72 亿，互联网普及率为 55.8%，人均周上网时长为 27.0 小时。网络购物用户规模达到 5.33 亿，全年交易额达到 71751 亿元。使用网上支付的用户规模达到 5.31 亿。在线政务服务用户规模达到 4.85 亿，占总体网民的 62.9%。截至 2017 年 12 月，我国共有 GOV.CN 域名 47941 个；中国内地共有 31 个省、自治区、直辖市开通了微信城市服务，累计用户数达 4.17 亿；经过新浪平台认证的政务机构微博达到 134827 个；各级党政机关开通政务头条号账号 70894 个，较 2016 年底增加

36811个。无论是总用户规模、普及率、使用率还是业务规模、创新应用和增长速度，中国已经成为名副其实的互联网大国。

互联网的出现，缩短了人们交往的空间距离，减少了人们交流的时间成本，增加了人们的信息获取能力，使得人们的沟通深度、密切度和可信度都得到了进一步的提升。当今时代，网络和信息化技术飞速发展，互联网在经济、政治、文化和社会生活、社会治理中扮演着日益重要的角色。

在互联网时代，信息和信息交换遍及各个地方，人们的活动更加个性化。信息交换除了社会之间、群体之间进行外，个人之间的信息交换日益增加，以至将成为主流。信息技术及发展大大加速了全球化的进程。随着互联网的发展，国家概念将受到冲击，各网络之间可以不考虑地理上的联系而重新组合在一起。正如习近平同志2014年11月19日在首届世界互联网大会的贺词中所说："互联网真正让世界变成了地球村，让国际社会越来越成为你中有我、我中有你的命运共同体。同时，互联网发展对国家主权、安全、发展利益提出了新的挑战，迫切需要国际社会认真应对、谋求共治、实现共赢。"

我国有8亿多网民，这是一个了不起的数字，也是一个了不起的成就。我国经济发展进入新常态，新常态要有新动力，互联网在这方面可以大有作为。要着力推动互联网和实体经济深度融合发展，以信息流带动技术流、资金流、人才流、物资流，促进资源配置优化，促进全要素生产率提升，为推动创新发展、转变经济发展方式、调整经济结构发挥积极作用。

马克思、恩格斯在《资本论》中提到:"一切固定的古老的关系以及与之相适应的素被尊崇的观念和见解都被消除了,一切新形成的关系等不到固定下来就陈旧了。一切固定的东西都烟消云散了,一切神圣的东西都被亵渎了。人们终于不得不用冷静的眼光来看他们的生活地位、他们的相互关系。"以互联网为主要载体的信息技术革命,对人类社会的政治、经济、文化、社会等领域都已产生并将继续产生巨大的变革,推动人类社会的发展变迁。2015年6月17日,习近平同志在贵州调研时强调,"面对信息化潮流,只有积极抢占制高点,才能赢得发展先机。要推动信息化和工业化深入融合,必须在信息化方面多动脑筋、多用实招。"

2015年3月5日召开的十二届全国人大三次会议开幕式上,国务院总理李克强所作的政府工作报告强调,制定"互联网+"行动计划,推动移动互联网、云计算、大数据、物联网等与现代制造业结合,促进电子商务、工业互联网和互联网金融健康发展,引导互联网企业拓展国际市场。"互联网+"就是要充分发挥互联网在生产要素配置中的优化和集成作用,把互联网的创新成果与经济社会各领域深度融合,让互联网与传统行业进行深度融合,创造新的发展生态,"互联网+"行动计划的提出,意味着一个新时代的来临。

2016年4月19日,习近平同志在网络安全和信息化工作座谈会上的讲话中指出:"从社会发展史看,人类经历了农业革命、工业革命,正在经历信息革命。"信息革命主要是以信息技术为主体,重点是创造和开发知识。信息革命与农业革命和工业革命最大的区别,就是不再以体能和机械能为主,而是以智能为主。因此，准确把握互联网化变革的趋势，顺应技术发展和社会变迁的发展方向，是必须具备的基本能力。

善于运用互联网技术，这不仅是一个具体技术问题，而且是一场思想革命和社会进步。

信息化时代就是信息产生价值的时代。互联网日益成为创新驱动发展的先导力量，深刻改变着人们的生产生活，有力推动着社会发展。

面对互联网技术和信息化手段，中国共产党人要因势利导，不能置之度外。广大党员干部要敢触网，不断学网、懂网、用网，运用网络了解民意、开展工作，用信息化手段更好地感知社会态势、拓宽沟通渠道、辅助决策施政。2016年4月19日，习近平同志在主持召开网络安全和信息化工作座谈会上的讲话中指出，网民来自老百姓，老百姓上了网，民意也就上了网。群众在哪儿，我们的领导干部就要到哪儿去，不然怎么联系群众呢？各级党政机关和领导干部要学会通过网络走群众路线，经常上网看看，潜潜水、聊聊天、发发声，了解群众所思所愿，收集好想法好建议，积极回应网民关切、解疑释惑。[①]

要管好用好互联网，领导干部要树立互联网思维。

在互联网、大数据、云计算等科技不断发展的背景下，对政治发展、对社会管理、对市场、对企业价值链、对整个商业生态进行重新审视。互联网思维将重塑或颠覆各类传统

---

① 《习近平谈治国理政》（第二卷），人民出版社2017年版，第336页。

行业、职业。互联网思维最重要的具体体现，一是用户思维，指在价值链各个环节中都要"以用户为中心"，从群众需求出发想问题、干事情，让群众参与、体验、评价，而不是自我中心、官僚主义。二是简约思维，即中国传统文化中的大道至简，越简单的东西越容易传播、容易推广、容易引起关注，越是得到关注的越有力量和深度，越能把事情做到极致。三是极致思维，就是把工作、服务做到极致，达到甚至超越服务对象预期。抓准群众的痛点或关注点，及时回应、有效满足，做到自己能做的最好程度，树立形象，赢得口碑，提高美誉度。四是迭代思维，以人为核心、迭代、循序渐进，干起来。相信干就有可能干好、干成，不干就永远没有希望。允许存在缺陷，允许出现错误，在持续迭代中完善产品、改进服务、改进工作。这里面有两个点，一个"微"，一个"快"。从小处着眼，微创新，实时关注服务对象需求及其变化，积跬步至千里。五是流量思维。流量意味着体量，意味着关注度、物流、资金流，意味着发展机会。六是社会化思维。微信朋友圈已经不是私人空间，而是社会化信息平台。微信公众号的宣传作用日益彰显。无论哪类信息，都会被迅速扩散，其影响被迅速扩大。七是大数据思维。利用大数据对企业资产、关键竞争要素、产品供求进行分析判断，做出企业发展战略与决策；对社会治理现状进行预期与改善、对政治发展态势做出预测等。八是平台思维，即开放、共享、共赢的思维。平台模式最有可能成就产业巨头。九是跨界思维，即随着互联网和新科技的发展，很多产业的边界变得模糊，互联网企业的触角已无孔不入，如，零售、图书、金融、电信、娱乐、交通、媒体等等。这对政治发展、社会治理必然产生直接影响。对于党组织和党员领导干部来说,了解传统又善于运用互联网思维才可能真正赢得未来。

领导干部要善于运用互联网技术,不断提高对互联网发展规律的认识和运用能力。

现在人们的生活和工作已经和网络密不可分。在当今的信息化社会里,个人、办公室、图书馆、企业和学校等,每时每刻都在产生并处理大量的信息。这些信息可能是文字、数字、图像、声音甚至是视频,综合信息服务将成为网络的基本服务功能。

各级领导干部都要深刻认识互联网在党的建设、国家管理和社会治理中的作用,强化互联网思维,利用互联网扁平化、交互式、快捷性等优势,推进党的决策科学化、社会治理精准化、公共服务高效化,不断提高信息化条件下党的执政能力和领导水平。

第一,领导干部要善于运用互联网技术,不断提高对网络舆论的引导能力。

2014年2月27日,习近平同志在中央网络安全和信息化领导小组第一次会议上的讲话中指出,"做好网上舆论工作是一项长期任务,要创新改进网上宣传,运用网络传播规律,弘扬主旋律,激发正能量,大力培育和践行社会主义核心价值观,把握好网上舆论引导的时、度、效,使网络空间清朗起来"。网络舆论就是群众观点,群众观点可能符合实际,也可能不符合实际。对待网络舆论的态度,就是对待群众的态度。对待群众要热心、耐心,要有同理心。这是正确引导舆论的前提。对网民，要多一些包容，对网上那些出于善意的批评，对互联网监督，不论是针对党和政府工作提出的，还是针对领导干部个人提出的，不论是和风细雨的还是忠言逆耳的，我们都要欢迎，都要及时吸纳。对群众反映的困难要转移到线下，在现实世界予以及时帮助，对网民不了解情况的，要及时宣介；对模糊认识的，要及时廓清；对有怨气的，要及时化解；对错误看法、做法，要及时引导和纠正。要让互联网成为了解群众、贴近群众、为群众排忧解难的新途径，成为共产党执政的社会主义新中国发扬人民民主、接受人民监督的新渠道。

第二，领导干部要善于运用互联网技术，不断提高对信息化发展的驾驭能力。

2017年10月18日，习近平同志代表第十八届中央委员会向中共党的十九大作的报告指出："加强互联网内容建设，建立网络综合治理体系，营造清朗的网络空间。"这主要体现在对网络空间中的消极因素的控制。这些消极因素对群众的生活、对社会的稳定、国家发展带来消极影响。如，虚假信息、网络欺诈、病毒与恶意软件、色情与暴力、网瘾、数据丢失、网络炒作爆红、阴谋论、泛商业化、黑客攻击，等等。常见的"人肉搜索"力量强大，稍有不慎就会侵犯个人隐私。近年来，"人肉搜索"往往形成网络暴力，侵犯个人隐私，走向违法，甚至摧毁一个个公民的鲜活生命。如，广东某服装店店主蔡某某怀疑一女孩是小偷，将截图发布到了网络上，导致女孩遭到网友"人肉搜索"。结果，广东省陆丰市一名高中女生的个人隐私信息被曝光，导致其不堪忍受，投河身亡。有时，在网络上煽动起网民情绪，形成舆论压力，直接毁掉一个干部的前程。如，某领导干部一言不慎，引发网络炒作，导致"产生不良社会影响"而被问责，以往在相关人群中道个歉就能消除影响、获得谅解的，最终却迫于网络舆论压力被免职。这完全背离了"热炉法规"。那个热炉，应该是人用身体的哪个部位去碰它，它就烫哪个部位，如果用手去碰则烫手，用脚去碰则烫脚，而不能是有意无意间用手碰了一下却遭毁容了。随着网络应用普及，网络黑客、电信网络诈骗、非法获取公民个人隐私信息等违法犯罪行为越来越多，必须采用有效手段，切断网络犯罪利益链条，持续形成高压态势，维护人民群众合法权益。要深入开展网络安全知识技能宣传普及，提高广大人民群众网络安全意识和防护技能。近年来，在广州、杭州、北京先后成立互联网法院，有利于运用好互联网技术，提高对信息化发展的驾驭能力。

第三，领导干部要学会通过互联网来加强政治建设、组织建设和执政本领建设。

通过网络来密切联系群众，走群众路线，共同实现中华民族的伟大复兴。2016年4月19日，习近平同志在网络安全和信息化工作座谈会上的讲话中指出："网民来自老百姓，老百姓上了网，民意也就上了网。群众在哪儿，我们的领导干部就要到哪儿去，不然怎么联系群众呢？各级党政机关和领导干部要学会通过网络走群众路线，经常上网看看，潜潜水、聊聊天、发发声，了解群众所思所愿，收集好想法好建议，积极回应网民关切、解疑释惑。"① "为了实现我们的目标，网上网下要形成同心圆。什么是同心圆？就是在党的领导下，动员全国各族人民，调动各方面积极性，共同为实现中华民族伟大复兴的中国梦而奋斗。"②

　　互联网的运用对党自身建设也具有推动作用，正确引导和借助互联网的力量，加强党的纪律建设和反腐败工作，增强自我净化、自我完善、自我更新、自我提高的能力。如互联网反腐，微笑"表哥"就是一个典型案例，展示了网络的力量，推动了网络反腐工作。2012年8月26日，有36人遇难的延安特大交通事故现场，陕西一官员面带微笑的照片成为网络舆论焦点。网友迅速锁定该官员为陕西省安监局局长杨达才，并发现这位"微笑局长"在多个场合佩戴的多块名表价值不菲，戏称"表哥"，不仅如此，网友还发现"表哥全身都是宝"。除了左手手表，还有右手手镯，以及各种皮带，都相当奢华；在不同场合下佩戴的多副眼镜，有的一副眼镜框价值10多万元。2013年2月22日，经陕西省纪委调查，陕西省安监局原局长杨达才在任职期间严重违纪并涉嫌犯罪。对其涉嫌的犯罪问题移交司法机关依法处理。2013年9月5日，杨达才受贿、巨额财产来源不明案在西安市中级人民法院一审公开宣判。杨达才犯受贿罪，判处有期徒刑10年，并

---

　　① 《习近平谈治国理政》（第二卷），人民出版社2017年版，第336页。

　　② 《习近平谈治国理政》（第二卷），人民出版社2017年版，第335页。

处没收财产 5 万元，犯巨额财产来源不明罪，判处有期徒刑 6 年，决定执行有期徒刑 14 年，刑期执行至 2027 年 3 月 6 日止。受贿赃款和巨额财产来源不明赃款依法没收上缴国库。

利用互联网加强党的建设，包括网络反腐已经常态化。互联网是把双刃剑。通过互联网，不仅能把党的干部的正面形象迅速便捷地加以宣传，而且其不当言行也很容易迅速在网上发酵，使不良影响迅速放大。网民情绪化、网络舆情压力，有时会直接影响党建工作。互联网时代不期而至，这对党员的言行都提出了新的挑战和新的要求。

第四，善于运用互联网技术，不断提高对网络安全的保障能力。

网络安全和信息化是相辅相成的。安全是发展的前提，发展是安全的保障，安全和发展要同步推进。网络安全除了保障网络基础设施的安全以外，更主要的是网络上的信息内容安全，涉及网络上信息的保密性、完整性、可用性、真实性和可控性等。从用户（个人、企业、机关、学校等）的角度来说，网络安全是涉及个人权益、商业利益或公共利益的信息在网络上传输时受到机密性、完整性和真实性的保护，避免其他人或对手利用窃听、冒充、篡改、抵赖等手段侵犯用户的隐私或利益，非法访问和恶意破坏。从网络运行和管理者角度来说，网络安全是对本地网络信息的访问、读写等操作受到保护和控制，避免出现病毒、非法存取、拒绝服务，以及网络资源非法占用和非法控制等威胁，制止和防御网络黑客攻击。从安全保密部门角度来说，网络安全是对非法的、有害的或涉及国家机密的信息进行过滤和防堵，避免机要信息泄露，避免对社会产生危害，对国家造成巨大损失。从社会教育和意识形态角度来说，网络安全是对网络传播内容进行选择和控制，杜绝网络上传播不健康的内容和错误的思想，防止对社会的稳定造成威胁、对人类的发展进步造成阻碍。

网络安全和信息化相伴而生，维护网络安全是全社会共同责任。网络安全是一个关系国家安全和主权、社会稳定、民族文化传承的重要问题。这个问题正随着全球信息化步伐的加快而变得越来越重要。网络和信息安全是我们面临的新的综合性挑战。要树立正确的网络安全观，加快构建关键信息基础设施安全保障体系，全天候全方位感知网络安全态势，增强网络安全防御能力和威慑能力。所谓网络安全观，是人们对网络安全这一重大问题的基本观点和看法。以习近平同志为核心的党中央坚持网络安全为人民、网络安全靠人民的网络安全观。落实这一网络安全观，需要政府、企业、社会组织、广大网民共同参与，共筑网络安全防线。归根结底，提高维护网络安全的技术是关键。2016年4月19日，习近平同志在网络安全和信息化工作座谈会上的讲话指出，互联网核心技术是我们最大的"命门"，核心技术受制于人是我们最大的隐患。我们要掌握我国互联网发展主动权，保障互联网安全、国家安全，就必须突破核心技术这个难题，争取在某些领域、某些方面实现"弯道超车"。维护网络安全是技术性很强的工作，涉及计算机科学、网络技术、通信技术、密码技术、信息安全技术、应用数学、数论、信息论等多种学科的综合运用，必须思想上重视，政策导向正确、科研投入加大。

要坚持安全和发展同步推进，统一谋划、统一部署、统一推进、统一实施。避免网络安全防护工作与网络发展没有同步跟进，把国家政权、基础设施和社会生活置于极大的网络风险中。

互联网真正让世界变成了地球村，让国际社会越来越成为你中有我、我中有你的命运共同体。同时，互联网发展对国家主权、安全、发展利益提出了新的挑战，迫切需要国际社会认真应对、谋求共治、实现共赢。网络空间同现实社会一样，既要提倡自由，也要保持秩序。自由是秩序的目的，秩序是自由的保障。习近平同志 2015 年 9 月 22 日接受美国《华尔街日报》书面采访时指出，我们既要尊重网民交流思想、表达意愿的权利，也要依法构建良好网络秩序，网络空间不是"法外之地"。网络空间是虚拟的，但运用网络空间的主体是现实的。要坚持依法治网、依法办网、依法上网，让互联网在法治轨道上健康运行。同时，要加强网络伦理、网络文明建设，发挥道德教化引导作用，用人类文明优秀成果滋养网络空间、修复网络生态。

第四讲 增强科学发展本领

发展是党执政兴国的第一要务，发展是解决我国一切问题的基础和关键，发展必须是科学发展，是经济社会全面、协调、可持续发展。党的干部要全面贯彻创新发展理念、协调发展理念、绿色发展理念、开放发展理念、共享发展理念，坚持以人民为中心的发展思想，把创新发展、协调发展、绿色发展、开放发展的合规律性与共享发展的合目的性有机统一起来，增进13亿多中国人的福祉、促进人的全面发展、维护社会公平正义，朝着共同富裕方向稳步前进。但共享不是搞平均主义，幸福生活等不来，共享必须共创、共建。

发展是党执政兴国的第一要务，发展是解决我国一切问题的基础和关键，发展必须是科学发展。党的十九大报告强调："增强科学发展本领，善于贯彻新发展理念，不断开创发展新局面。"

一、发展理念事关科学发展

发展是中国共产党执政兴国的第一要务。

中国共产党的诞生使中国的面貌焕然一新。它深刻改变了中华民族发展的方向和进程，改变了中国人民和中华民族的前途和命运，也深刻改变了世界发展的趋势和格局。在党的领导下，中华民族实现了从站起来到富起来的伟大飞跃，迎来了从富起来到强起来的伟大历史性飞跃。中国近现代历史充分证明，只有社会主义才能救中国，只有中国特色社会主义才能发展中国，只有坚持和发展中国特色社会主义才能实现人民幸福、国家发展、民族复兴。中国共产党人牢记为中国人民谋幸福，为中华民族谋复兴的初心和使命，永远与人民同呼吸、共命运、心连心，永远把人民对美好生活的向往作为奋斗目标，以永不懈怠的精神状态和一往无前的奋斗姿态，不断开创发展新局面，推进科学发展。

科学发展是经济社会全面、协调、可持续发展。坚持科学发展，要坚持以人民为中心的发展思想，从人民群众的根本利益出发谋发展、促发展，不断满足人民群众日益增长的对美好生活的需要，切实保障人民群众的权益，让发展的成果惠及全体人民，实现经济社会全面、协调、可持续发展。其中的全面，就是要以经济建设为中心，全面推进经济建设、政治建设、文化建设、社会建设和生态文明建设，实现经济发展和社会全面进步；协调，就是要推进生产力和生产关系、经济基础和上层建筑相协调，推进经济、政治、文化、社会、生态文明五大建设的各个环节、各个方面相协调；可持续，就是要促进人与自然的和谐，实现经济发展和人口、资源、环境相协调，坚持走生产发展、生活富裕、生态良好的发展道路，保证一代接一代地永续发展。全面、协调、可持续发展，是经济社会等各方面的发展与人的全面发展的统一。

科学发展，功在当代，利在千秋。推进科学发展，要求领导干部要承担更多的责任，提高推动科学发展的魄力、能力，在增强创新能力、推动协调平衡、改善生态环境、提高开放水平、促进共享发展上取得新突破，推动科学发展不断迈上新台阶，不能在一个地方、一个部门干了一年、两年、三年，还是涛声依旧，工作局面没有打开，发展面貌没有变化，每年都是重复昨天的故事。

善于贯彻创新、协调、绿色、开放、共享新发展理念，才能不断开创发展新局面。

理念，是看法、思想，是人的思维活动的结果。一般说来，人的稳定的意念就变成了观念，观念理性化后变成理念。个人的理念被群体认同，就会变成群体的理念；被组织认同，就会变成组织的理念。发展理念，是关于发展什么、怎么发展，以及发展为了谁、依靠谁的一套完整的看法与思想。发展理念从根本上决定着发展的成效乃至成败。改革开放以来，我们党在发展上取得卓越成就和丰富经验，也存在发展不平衡、不协调、不可持续问题，特别是面对全面建成小康社会的目标，创新能力不强、发展方式粗放、城乡区域发展不平衡、资源环境约束趋紧、收入差距较大、消除贫困任务艰巨等问题相当突出。在我国经济发展进入新常态、重要战略机遇期内涵发生深刻变化的新形势下，迫切需要明确新的发展理念，在全党形成共识，以新的发展理念引领实现更加科学的发展，拓展实现第一个百年奋斗目标的新思路、新局面，开启实现第二个百年目标的新征程。

在2015年10月党的十八届五中全会上，习近平同志系统论述了创新、协调、绿色、开放、共享五大发展理念，强调今后要实现创新发展、协调发展、绿色发展、开放发展、共享发展。五大发展理念是对当今世界各国成功经验的总结，是针对我国发展中的突出矛盾和问题，致力于破解发展难题、增强发展动力而确立的发展思路、发展方式、发展着力点，深刻揭示了世界发展潮流、中国特色社会主义发展规律，阐明了今日世界在怎样发展、今日中国将如何发展。创新、协调、绿色、开放、共享五大发展理念相互依存、相辅相成、相得益彰。创新是引领发展的第一动力，协调是持续健康发展的内在要求，绿色是永续发展的必要条件，开放是国家繁荣发展的必由之路，共享是中国特色社会主义的本质要求。牢固树立并切实贯彻这五大发展理念，是关系我国发展全局的一场深刻变革，有利于推动中国特色社会主义建设事业不断发展，实现中华民族伟大复兴的中国梦。在2015年12月9日中央全面深化改革领导小组第十九次会议的讲话中，习近平同志强调，坚持"四个全面"战略布局，要贯彻落实创新、协调、绿色、开放、共享的发展理念，突出问题导向，突出精准发力，突出完善制度，突出督察落实，把具有标志性、引领性的重点改革任务抓在手上，主动出击，贴身紧逼。

　　落实党的十九大精神，把党的十九大描绘的宏伟蓝图变成现实，我们必须坚持五大发展理念。改革开放40年后的今天，我国正处于并将长期处于社会主义初级阶段的国情没有根本性变化，但中国特色社会主义发展已经进入新阶段，我国发展的环境、条件、任务、要求等都发生了新的变化。一个时代有一个时代的问题，一代人有一代人的使命。党的十九大提出了新时代的新任务新目标："从十九大到二十大，是'两个一百年'奋斗目标的历史交汇期。我们既要全面建成小康社会、实现第一个百年奋斗目标，又要乘势而上开启全面建设社会主义现代化国家新征程，向第二个百年奋斗目标进军。综合分析国际国内形势和我国发展条件，从二〇二〇年到本世纪中叶可以分两个阶段来安排。第一个阶段，从二〇二〇年到二〇三五年，在全面建成小康社会的基础上，再奋斗十五年，基本实现社会主义现代化。到那时，我国经济实力、科技实力将大幅跃升，跻身创新型国家前列；人民平等参与、平等发展权利得到充分保障，法治国家、法治政府、法治社会基本建成，各方面制度更加完善，国家治理体系和治理能力现代化基本实现；社会文明程度达到新的高度，国家文化软实力显著增强，中华文化影响更加广泛深入；人民生活更为宽裕，中等收入群体比例明显提高，城乡区域发展差距和居民生活水平差距显著缩小，基本公共服务均等化基本实现，全体人民共同富裕迈出坚实步伐；现代社会治理格局基本形成，社会充满活力又和谐有序；生态环境根本好转，美丽中国目标基本实现。第二个阶段，从二〇三五年到本世纪中叶，在基本实现现代化的基础上，再奋斗十五年，把我国建成富强民主文明和谐美丽的社会主义现代化强国。到那时，我国物质文明、政治文明、精神文明、社会文明、生态文明将全面提升，实现国家治理体系和治理能力现代化，成为综合国力和国际影响力领先的国家，全体人民共同富裕基本实现，我国人民将享有更加幸福安康的生活，中华民族将以更加昂扬的姿态屹立于世界民族之林。"

落实党的十九大精神，把党的十九大描绘的宏伟蓝图变成现实，我们要继续大胆创新、推动发展，坚定不移贯彻以人民为中心的发展思想，落实创新发展、协调发展、绿色发展、开放发展、共享发展这新的五大发展理念，建设现代化经济体系，深化供给侧结构性改革，加快实施创新驱动发展战略、乡村振兴战略、区域协调发展战略，推进精准扶贫、精准脱贫，促进社会公平正义，不断增强人民获得感、幸福感、安全感。

二、贯彻创新发展理念

当今世界，创新成为不可逆转的历史潮流。"创新始终是一个国家、一个民族发展的重要力量，也始终是推动人类社会进步的重要力量"。谁排斥变革，谁拒绝创新，谁就会落后于时代，谁就会被历史淘汰。习近平同志在博鳌亚洲论坛2018年年会开幕式上的主旨演讲中指出，中国40年改革开放给人们提供了许多弥足珍贵的启示，其中最重要的一条就是，一个国家、一个民族要振兴，就必须在历史前进的逻辑中前进、在时代发展的潮流中发展。

放眼世界，资源有限性与需求无限性的矛盾越来越突出。解决这一矛盾的关键在于创新。创新成为世界主题、世界潮流、世界趋势，是国家发展、社会进步的不竭的动力源泉。国家之间竞争，主要是综合国力竞争，根本是创新能力的竞争。谁牵住了创新这个牛鼻子，走好了创新这步先手棋，谁就能占领先机、赢得优势。

坚持创新发展理念注重的是发展动力问题，是把创新摆在国家发展全局的核心位置，让创新贯穿于党和国家一切工作之中，使创新成为推动发展的强大动力，使人才成为发展的第一资源，不断提高发展质量和效益。党的十九大报告指出："创新是引领发展的第一动力，是建设现代化经济体系的战略支撑。"

把创新摆在事业发展全局的核心位置，要不断推进各项工作中的理念创新、机制创新、技术创新、文化创新以及其他各方面创新，用创新促进发展。党的十九大报告对创新提出了明确要求："要瞄准世界科技前沿，强化基础研究，实现前瞻性基础研究、引领性原创成果重大突破。加强应用基础研究，拓展实施国家重大科技项目，突出关键共性技术、前沿引领技术、现代工程技术、颠覆性技术创新，为建设科技强国、质量强国、航天强国、网络强国、交通强国、数字中国、智慧社会提供有力支撑。"

改革开放40年来，我国发展和改革创新高度融合，改革创新为发展提供了强劲动力。在全面贯彻党的十九大精神过程中，要增强改革创新精神，提高改革创新能力，推进国家治理体系和治理能力现代化，推进各方面制度更加成熟更加定型，依靠改革创新为科学发展提供持续动力。

贯彻创新发展理念，才能创造我国新常态下的新优势。发展中不平衡、不协调、不可持续问题依然突出，人口、资源、环境压力越来越大，拼投资、拼资源、拼环境的老路已经走不通。在新时代，完成新任务，实现新目标，只有创新，才能从根本上解决我国发展动力不足、发展方式粗放、产业层次偏低、资源环境约束趋紧等急迫问题；才能增强我国发展能力，加快形成以创新为主要引领和支撑的经济体系和发展模式，为转变经济发展方式、优化经济结构、改善生态环境、提高发展质量和效益开拓广阔空间，创造新常态下的新优势，推动我国经济社会持续健康发展。

贯彻创新发展理念、实施创新驱动发展战略是决定我国发展前途命运的关键、增强我国经济实力和综合国力的关键、提高我国国际竞争力和国际地位的关键。贯彻创新理念要立足现实、突破传统、推动变革。让创新贯穿党和国家一切工作，依靠创新，培育发展高端产业，拓展我国经济发展新空间；依靠创新，加强基础研究，强化原始创新、集成创新和引进消化吸收再创新，推动跨领域跨行业协同创新，加快政产学研用深度融合；依靠创新，推动我国发展全局发生根本性、整体性、长远性变化，把我国建设成为经济强国、创新大国，进而建成富强民主文明和谐美丽的社会主义现代化强国。

贯彻创新理念决定我国发展思路、发展方向和发展面貌。创新涉及上层建筑与经济基础、生产关系与生产力的全要素、全系统、全方位变革，决定我国经济社会发展的速度、规模、结构、质量和效益，决定着国家未来。近来，中美愈演愈烈的贸易战已经明明白白告诉我们，我国需要的高端技术、核心技术、关键技术，引不进、买不来，只能靠我们自己创新。在国际发展竞争日趋激烈和我国发展动力转换的形势下，必须把发展基点放在创新上，形成促进创新的体制机制。

要坚持全球视野，推进开放创新，为经济转型升级提供强有力支撑。要通过改革推进产学研用一体化，解答好"由谁来创新""动力哪里来""成果如何用"等基本问题。明确各类创新主体在创新链不同环节的功能定位，完善创新投入机制和科技金融政策，支持龙头企业整合科研院所、高等院校力量，鼓励科研院所和科研人员进入企业，从而建立创新联合体，让各类主体各显神通、形成合力。要不断完善科研平台开放制度，坚持开放合作创新，聚四海之气、借八方之力。自主创新是开放环境下的创新，绝不能关起门来搞。要扩大科技领域对外开放，充分利用国际创新资源，开辟多元化合作渠道，在更高起点上推进自主创新，不断取得重大突破。

人才是创新发展的第一资源。2014年8月18日，习近平同志在中央财经领导小组第七次会议上的讲话中强调，人才是创新的根基，是创新的核心要素。创新驱动实质上是人才驱动。为了加快形成一支规模宏大、富有创新精神、敢于承担风险的创新型人才队伍，要重点在用好、吸引、培养上下功夫。为适应实现"两个一百年"奋斗目标需要，要大力推动实施人才强国战略，加快人才结构战略性调整，突出"高精尖缺"导向，着力发现、培养、集聚战略科学家、科技领军人才、企业家人才、高技能人才队伍，造就一批世界水平的科学家、科技领军人才、工程师和高水平创新团队。注重培养一线创新人才和青年科技人才，大力提高全民科学素质。实施更加开放的创新人才引进政策，更大力度引进急需紧缺人才，聚天下英才而用之。完善人才评价激励机制和服务保障体系，赋予创新领军人才更大的人财物支配权、技术路线决策权，实行以增加知识价值为导向的分配政策，提高科研人员成果转化收益分享比例，让他们充分释放创新发展的才能和潜能。

贯彻创新发展理念，要强化创新的法治保障，培育公平、开放、透明的市场环境，增强各类市场主体的创新动力，营造有利于创新发展的社会环境，要倡导敢为人先、勇于冒尖的创新精神，激活民间智慧和创造力，最大程度地释放全社会创新潜力，让一切劳动、知识、技术、管理、资本的活力竞相迸发。

贯彻创新发展理念，要加快转变政府职能。政府承担着教育、科技、文化管理职能，加快转变政府职能，要求政府从研发管理向服务创新转变，更加注重从国家发展战略高度抓创新发展，营造有利于创新发展的良好环境，加大创新投入，做好基础性保障工作，提高创新资源的集聚能力和使用效率，发挥财政资金撬动作用，引导整合全社会资源投入创新，形成多方参与和投入创新的格局。加快转变政府职能，激发创新活力，要求改革重大科技项目立项和组织实施方式，强化成果导向，精简科研项目管理流程，给予科研单位和科研人员更多自主权，为创新加油鼓劲。要改革科研绩效评价机制，建立科学分类、合理多元的评价体系，改革国家科技奖励制度，把人的创造性活动从不合理的人才评价体制中解放出来，把科研人员开展原创性科技创新的积极性充分激发出来。

三、贯彻协调发展理念

协调是指和谐、统筹、均衡，配合得当，是尊重客观规律，保持事物间关系的理想状态或实现这种理想状态的过程。协调发展就是要统筹城乡发展、统筹区域发展、统筹经济社会发展、统筹人与自然和谐发展、统筹国内发展和对外开放，推进生产力和生产关系、经济基础和上层建筑相协调，推进经济、政治、文化、社会、生态文明建设的各个环节、各个方面相协调。在新时代，经济社会发展的领域越来越多、层次越来越多，各领域各层次之间关联互动越来越紧密，必然要求协调发展。

坚持协调发展具有很强的现实针对性。随着全面深化改革不断推进，各个领域各个环节改革的关联性互动性明显增强，每一项改革都会对其他改革产生重要影响，每一项改革又都需要其他改革协同配合。对涉及面广泛的改革，要同时推进配套改革，走出"九龙治水"、各自为政的误区，使各项改革发展举措相互配合、相互促进、相得益彰。在 2014 年 7 月 29 日中央政治局会议上，习近平同志指出，"发展必须是遵循经济规律的科学发展，必须是遵循自然规律的可持续发展，必须是遵循社会规律的包容性发展"，必须"着力提高发展的协调性和平衡性"，促进各区域、各领域和各方面、各环节平衡发展。

贯彻协调发展理念，要着力解决我国长期存在的发展不平衡问题，促进经济社会持续健康发展，实现整体功能最大化。中国的发展是一个整体、一个系统，需要各地区、各方面、各环节、各要素协调联动，需要调整比例、优化结构，整体增效，需要学会弹钢琴，统筹兼顾、综合平衡，正确处理发展中的重大关系，补齐短板、缩小差距，促进我国经济社会发展蹄急步稳。

贯彻协调发展理念，要解决需求无限性与供给有限性矛盾常态化问题。我国人民日益增长的美好生活需要和不平衡不充分的发展之间的矛盾已经成为社会主要矛盾，树立协调发展理念，才能牢牢把握中国特色社会主义事业总体布局，增强发展的平衡性、包容性、可持续性，正确处理发展中的重大关系，加强薄弱环节和薄弱领域，更加注重发展机会公平，更加注重资源配置均衡，形成平衡发展新格局。这是实现"两个一百年"奋斗目标和中华民族伟大复兴的中国梦的必由之路。

贯彻协调发展理念，要解决经济发展和社会发展之间的不平衡问题。改革开放以来，我国经济快速发展，相形之下，社会建设比较滞后，出现"一条腿长，一条腿短"的问题。党的十八大以来，我们党为补齐社会建设的短板做了大量工作，覆盖城乡居民的社会保障体系基本建立，人民健康和医疗卫生水平大幅提高，保障性住房建设稳步推进。社会治理体系更加完善，社会大局保持稳定，国家安全全面加强。但应该看到，社会建设方面的欠账，不可能短时间内解决。我们必须直面经济社会发展不平衡问题，在发展经济的同时投入更多的精力和资源，优先发展教育事业，提高国民素质；提高就业质量和人民收入水平；加强社会保障体系建设，按照兜底线、织密网、建机制的要求，全面建成覆盖全民、城乡统筹、权责清晰、保障适度、可持续的多层次社会保障体系；坚决打赢脱贫攻坚战，让贫困人口和贫困地区同全国一道进入全面小康社会；实施健康中国战略；完善党委领导、政府负责、社会协同、公众参与、法治保障的社会治理体制，提高社会治理社会化、法治化、智能化、专业化水平。让全体人民共享发展成果，有更多的获得感、幸福感、安全感。

贯彻协调发展理念，要解决中国区域间发展不平衡问题。中国幅员辽阔，国家发展涉及不同地域。不同区域之间自然条件不同、资源禀赋各异、历史基础有别，因而长期存在较大发展差距。随机抽取上海市和青海省为例。根据上海市政府和青海省统计局公开的数据，2017 年，上海市国民生产总值 30133.86 亿元，是青海的 11.4 倍；人均国民生产总值 12.46 万元，是青海的 2.8 倍；全市居民人均可支配收入 58988 元，是青海的 3.1 倍，其中，城镇居民人均可支配收入

62596元，是青海的近2.2倍，农村常住居民人均可支配收入27825元，是青海的近3倍。贯彻协调发展理念，必须要统筹东中西、协调南北方，继续实施西部开发、东北振兴、中部崛起、东部率先的区域发展总体战略，重点实施"一带一路"、京津冀协同发展、长江经济带三大战略，加快构建要素有序自由流动、基本公共服务均等、资源环境可承受的区域协调发展新格局。

贯彻协调发展理念，要解决城乡发展不平衡问题。由于我国长期存在城乡二元结构，城乡差距较大，有的地方城乡差距之大，被描述成"城市像欧洲、农村像非洲"，这就需要健全城乡发展一体化体制机制，实施乡村振兴战略，推进城乡要素平等交换、合理配置，努力实现基本公共服务常住人口全覆盖，促进农业发展、农民增收，建设美丽乡村。

我国区域、城乡协调发展，才能保证我国发展有崭新的空间布局、合理的利益格局，获得广阔发展空间和充足发展后劲。

贯彻协调发展理念，要解决物质文明和精神文明建设不协调问题。物质文明是人类在社会历史发展过程中改造自然所创造的、体现社会生产力发展进步的成果。表现为人们物质生产的进步和物质生活的改善，是精神文明的物质基础，制约精神文明建设。精神文明是人类在改造客观世界和主观世界的过程中所取得的精神成果的总和，是人类智慧、道德的进步状态。精神文明主要表现为社会的文化、智慧的状况，教育、科学、文化、艺术、卫生、体育等各项事业的发展水平；社会的政治思想、道德面貌、社会风尚和人们的世界观、理想、情操、觉悟、信念以及组织性、纪律性的状况。精神文明为物质文明的发展提供思想保证、精神动力和智力支持，渗透在整个物质文明建设之中，体现在政治、经济、文化生活的各个方面。物质文明的提高并不必然带来精神文明的提高。要着力解决"物质文明进步，精神文明滑坡"现象，坚持物质文明、精神文明两个文明并重，"两手抓，两手都要硬"。

贯彻协调发展理念，要促进我国现代化建设各个方面、各个环节相协调，做到既要城市繁荣，也要农村振兴；既要东部率先，也要西部开发、中部崛起、东北振兴；既要物质丰裕，也要精神丰富；既要金山银山，也要绿水青山。要解决物质文明和精神文明建设不协调问题，促进新型工业化、信息化、城镇化、农业现代化，在增强国家硬实力的同时提升国家软实力。党的十九大报告指出，落实协调发展理念，必须紧扣我国社会主要矛盾变化，统筹推进经济建设、政治建设、文化建设、社会建设、生态文明建设，坚定实施科教兴国战略、人才强国战略、创新驱动发展战略、乡村振兴战略、区域协调发展战略、可持续发展战略、军民融合发展战略，突出抓重点、补短板、强弱项，特别是要坚决打好防范化解重大风险、精准脱贫、污染防治的攻坚战，使全面建成小康社会得到人民认可、经得起历史检验。

四、贯彻绿色发展理念

绿色发展是在传统发展基础上以效率、和谐、持续为目标的经济增长和社会发展，是建立在生态环境容量和资源承载力的约束条件下，将环境保护作为实现可持续发展重要支柱的一种新型发展模式。绿色发展把环境资源作为社会经济发展的内在要素；把实现经济、社会和环境的可持续发展作为绿色发展的目标；把经济活动过程和结果的"绿色化"、"生态化"作为绿色发展的主要内容和途径。主要从节能减排及污染物治理的角度测度科技创新对绿色发展的作用，如"万元地区生产总值水耗""万元地区生产总值能耗""城市污水处理率""生活垃圾无害化处理率"等。当今世界，绿色发展已经成为一个趋势，许多国家把发展绿色产业作为推动经济结构调整的重要举措，突出绿色的理念和内涵。中国是负责任的大国，从顺应历史潮流、增进人类福祉出发，致力于推动构建人类命运共同体，我们无论官方还是民间都应该身体力行绿色发展理念，节能减排，推动低碳经济。习近平同志在博鳌亚洲论坛 2018 年年会开幕式上的主旨演讲中强调，面向未来，我们要敬畏自然、珍爱地球，树立绿色、低碳、可持续发展理念，尊崇、顺应、保护自然生态，加强气候变化、环境保护、节能减排等领域交流合作，共享经验、共迎挑战，不断开拓生产发展、生活富裕、生态良好的文明发展道路，为我们的子孙后代留下蓝天碧海、绿水青山。

绿色发展理念以人与自然和谐为价值取向，以绿色低碳循环为主要原则，以生态文明建设为基本抓手。绿色发展理念是马克思主义生态文明理论同我国经济社会发展实际相结合的理念，体现了新时代我国经济社会发展规律。贯彻绿色发展理念，才能解决人与自然和谐问题，加快形成人与自然和谐发展新格局，助力美丽中国建设。

贯彻绿色发展理念是中国改革发展、实现中国梦的迫切要求。改革为中国的发展注入了强劲动力，中国经济高速增长，使中国成为世界第二大经济体，但快速发展也使中国快速积累了一系列矛盾和问题，如，资源环境承载力逼近极限，高投入、高消耗、高污染的传统发展方式已不可持续，单纯依靠刺激政策和政府对经济大规模直接干预的增长，只能治标、不能治本。长期以来的粗放型发展方式，不但使我国能源、资源不堪重负，而且造成大范围雾霾、水体污染、土壤重金属超标等突出环境问题。事实已经告诉我们，全面建成小康社会，实现中国梦，资源环境是一大瓶颈，绿色发展是不二的选择。

贯彻绿色发展理念，要加快转变发展方式，改变过多依赖增加物质资源消耗、低成本扩张、高能耗高排放的发展模式。以往这种发展方式的弊端日益明显：一是资源过度消耗，二是生态严重破坏，三是部分行业产能过剩，四是普遍的低效率，五是错过了结构调整和科技创新的大好时机。我国经济发展进入新常态，向形态更高级、分工更复杂、结构更合理阶段演化，那么，我们必须加快从数量型发展方式转变为质量效率型发展方式。2017年中央经济工作会议上，习近平同志明确提出，坚持以推进供给侧结构性改革为主线，既要优化产业结构，又要去产能、去库存、去杠杆、降成本、补短板。通过采取这些措施，大力增加有效供给，使供给与需求相适应；着力调动广大企业的积极性、主动性和创造性。

贯彻绿色发展理念，要树立和践行绿水青山就是金山银山的理念。习近平同志关于绿水青山就是金山银山的论断，揭示了保护环境就是保护生产力，改善环境就是发展生产力的客观规律。深刻体现了中国共产党执政理念上以人民为中心、不断满足人民对美好生活的需要的价值取向。我们要建设的现代化是人与自然和谐共生的现代化，既要创造更多物质财富和精神财富以满足人民日益增长的美好生活需要，也要提供更多优质生态产品以满足人民日益增长的优美生态环境需要。人民生活显著改善，对美好生活的向往更加强烈，不仅对物质文化生活提出了更高要求，而且对环境等方面的要求日益增长。生态环境状况直接影响到人民群众的幸福感。我们要坚定不移推动形成绿色发展方式和生活方式，完善生态文明制度体系，努力形成节约资源和保护环境的空间格局、产业结构、生产方式、生活方式。

尊重自然、顺应自然、保护自然，是对人民群众和子孙后代负责，我们要把生态文明建设融入经济建设、政治建设、文化建设、社会建设各方面和全过程，完善生态文明制度体系、维护生态安全、优化生态环境，坚决打好污染防治攻坚战，持续实施好大气、水、土壤污染防治行动计划，加强重要生态系统保护和修复，尊重自然、顺应自然，"依托现有山水脉络等独特风光，让城市融入大自然，让居民望得见山、看得见水、记得住乡愁"。

贯彻绿色发展理念,要推广绿色消费,尊重自然、顺应自然、保护自然,实现人与自然和谐共生。绿色消费,是指以节约资源和保护环境为特征的消费行为,主要表现为崇尚勤俭节约,珍爱环境,珍惜资源和能源,反对浪费,减少损失,选择高效、环保的产品和服务,降低消费过程中的资源消耗和污染排放,注重对垃圾处置,崇尚自然、追求健康。领导干部要带头推广绿色消费,以满足人的基本需求为中心,以保护生态环境为宗旨,把环境保护和生态平衡放在首位,树立新的价值观、生活观和消费观,推动形成绿色发展方式,追求绿色低碳、文明健康的消费模式。党的十九大报告强调,要"加快建立绿色生产和消费的法律制度和政策导向,建立健全绿色低碳循环发展的经济体系"。这就要坚持产业生态化、生态产业化的发展方向,以供给侧结构性改革为突破口,通过供给侧结构性改革优化产业和产品结构,推进产业生态化改造,开辟生态产业的新路径,将绿色生态科技成果转化作为生态经济发展的重要支撑,在节能环保产业、清洁能源产业、生态环境、社会管理等方面广泛实施生态科技项目,推进能源生产和消费革命;要以融合发展方式,发展生产、生活、生态有机融合的业态。

贯彻绿色发展理念,要保护好环境,推动形成人与自然和谐发展现代化建设新格局。其一,要因地制宜。我国地大物博,各地自然禀赋不同、区位优势不同,在发展生产力时要注意结合本地情况,搞出特色。适宜发展生态农业则搞高效生态农业,适宜发展生态工业,则把当地的生态农业产品链条拉长，搞生态加工业；适宜生态旅游，则利用当地的自然资源和文化资源优势，搞好旅游业。其二，要解决突出环境问题。坚持全民共治，源头防治，综合防治，持续实施大气污染防治行动，加快水污染防治特别是重点流域和区域性水污染防治，强化土壤污染管控和修复，扩大环境容量和优化人民群众的生态生存空间，建设天蓝、地绿、水清的美丽中国。其三，要加大生态系统保护力度。通过荒漠化、石漠化、水土流失综合治理，着力于天然林保护、城市绿化建设、新农村村寨绿化、退耕还林还草、生态屏障保护等重大领域，健全耕地草原森林河流湖泊休养生息制度，建立市场化、多元化生态补偿机制，在生态保护中培育生态产业，靠山养山，靠水养水，发展生态经济，实现民富地美。其四，要改革生态环境监管体制。生态环境监管是生态文明建设的"保护神"，将生态文明建设纳入法治化的监管轨道，是生态文明建设的重要保障。在中共中央政治局 2013 年 5 月 24 日进行的集体学习中，习近平同志强调，只有实行最严格的制度、最严密的法治，才能为生态文明建设提供可靠保障。这其中，最重要的是要完善经济社会发展考核评价体系，把资源消耗、环境损害、生态效益等体现生态文明建设状况的指标纳入经济社会发展评价体系，使之成为推进生态文明建设的重要导向和约束。要建立责任追究制度，对那些不顾生态环境盲目决策、造成严重后果的人，必须追究其责任，而且应该终身追究。要加强生态文明宣传教育，增强全民节约意识、环保意识、生态意识，营造爱护生态环境的良好风气。

把生态文明建设纳入中国特色社会主义事业总体布局之

中，推进生态文明建设，建设美丽中国，实现中华民族永续发展是党的神圣使命，是党对人民的庄严承诺。党的十九大报告指出，坚持人与自然和谐共生。必须树立和践行绿水青山就是金山银山的理念，坚持节约资源和保护环境的基本国策，像对待生命一样对待生态环境，统筹山水林田湖草系统治理，实行最严格的生态环境保护制度，形成绿色发展方式和生活方式，坚定走生产发展、生活富裕、生态良好的文明发展道路，建设美丽中国，为人民创造良好生产生活环境，为全球生态安全作出贡献。

五、贯彻开放发展理念

改革开放是决定当代中国命运的关键一招，也是决定实现"两个一百年"奋斗目标、实现中华民族伟大复兴中国梦的关键一招。中国过去40年的经济发展是在开放条件下取得的，未来中国经济实现高质量发展也必须在更加开放条件下进行。基于对经济全球化历史潮流不可逆转的判断，基于中国发展需要，党的十九大作出进一步开放改革的战略选择，强调坚持对外开放的基本国策，坚持打开国门搞建设。习近平同志在博鳌亚洲论坛2018年年会开幕式上的主旨演讲中再次明确表示，中国开放的大门不会关闭，只会越开越大！中国人民将继续扩大开放、加强合作，坚定不移奉行互利共赢的开放战略，坚持引进来和走出去并重，推动形成陆海内外联动、东西双向互济的开放格局，实行高水平的贸易和投资自由化便利化政策，探索建设中国特色自由贸易港。

"开放带来进步，封闭必然落后。"这既是当代世界经济全球化发展趋势的科学概括，也是新中国成立以来经济发展和对外开放实践经验的科学总结。当今世界已经成为你中有我、我中有你的地球村，各国经济社会发展日益相互联系、相互影响，推进互联互通、加快融合发展成为促进共同繁荣发展的必然选择。

开放是国家发展的必由之路。中国拥有广大的市场、丰富的人力资源和自然资源，依靠国内市场和资源就可以推动本国经济的自主协调发展。在封闭的世界里，这种大国经济发展的优势可以说是绝对优势。然而，当代世界是开放的世界。在开放的经济环境中，小国可以利用国际市场形成比大国更加广阔的市场，可以利用国外资源获得比大国更加丰富的资源，这就是"全球化的红利"或"开放的红利"。1978年开始的改革开放，使中国逐渐融入世界经济，积极利用国际国内两种资源和两个市场，创造了经济持续快速增长的"世界奇迹"。

开放是实现国家繁荣富强的根本出路。从本质上说，经济开放就是要发挥各国的比较优势，达到扬长补短的效果。一方面，经济开放是为了学习发达国家的优秀文明成果，通过学习、追赶而实现超越。习近平同志在2014年5月22日召开的外国专家座谈会上强调："中国要永远做一个学习大国，不论发展到什么水平都虚心向世界各国人民学习。"另一方面，扬长补短需要通过各国的经济交流和合作来实现，"发挥优势也好，弥补劣势也好，都不是我们关起门来说了算的"。

中国的大国开放是全方位的，从沿海开放到内地开放，从单边开放到多边开放，从单向开放到双向开放，从贸易开放到金融开放，从市场开放到规则开放，我们不断扩大对外开放的范围，拓展对外开放的领域，提升对外开放的层次，即"在更大范围、更宽领域、更深层次上提高开放型经济水平"，从而形成全方位开放的战略格局。

根据郭周明的研究，中国对外开放主要分为四个阶段：（1）以设立四大经济特区和上海浦东新区为标志的政策性开放阶段。在这个阶段，对若干地区、领域有选择地引进外国资金、技术、管理，并给予优惠政策，逐步建立出口导向型经济发展模式。（2）以2001年加入世界贸易组织和实施走出去战略为标志的制度开放阶段。在这个阶段，积极参与到国际经贸规则的建设中来，坚持"引进来"与"走出去"并重，全面融入世界经济体系。（3）以2013年上海自贸试验区成立和"一带一路"倡议提出为标志的体制开放阶段。在这个阶段上，进一步提出"提高开放型经济水平"的目标，以实现中国在国际社会的大国影响力，贡献中国力量。"一带一路"不是一种对外援助项目，而是一种新型的区域经济合作机制。它作为中国经济外交的顶层战略以及对外开放的关键指引，是中国共产党在深刻总结全球经济发展内在规律，以及中国改革实践时代特点的基础上提出的宏伟构想和中国方案。党的十九大报告指出：要以"一带一路"建设为重点，坚持引进来和走出去并重，遵循共商共建共享原则，加强创新能力开放合作，形成陆海内外联动、东西双向互济的开放格局。自2013年"一带一路"倡议提出以来，互利共赢的发展理念不但使这一构想迅速"落地生根",并且在各方力量的积极配合下,设计规划快速落实、重大项目纷纷落地,在短短的 5 年时间里便完成了从无到有、由点及面的发展转变,实现了"开花结果"。截至 2017 年底,已经有 80 多个国家和国际组织同中国签署了合作协议。随着各国互联互通水平的提升,中国与沿线国经贸互动也逐步加深,商务部数据显示,2013 年到 2017 年,中国与"一带一路"沿线各国的货物贸易总额累计已超 5 万亿美元,对外直接投资达到了 700 亿美元,与此同时,为了有效发挥中国优势产业的聚集效应,切实推进"一带一路"的产能对接合作,中国已在沿线国建立了 75 个经贸合作区,吸引企业近 3500 家,上缴税费达 22 亿美元,更为东道国创造了 21 万个就业岗位。"一带一路"已成为中国开展对外经贸合作的新高地,在为中国企业过剩产能提供了广阔外部需求的同时,也为沿线各国带来了切实的利益。

(4) 以中共党的十九大的召开为标志的高质量开放阶段。在这个阶段上,对第三阶段进一步深化,开始尝试让世界与中国的发展战略接轨,至少实现中国"对现有国际机制的有益补充和完善",参与国际"游戏规则"的制定,"为国际社会提供更多公共产品",以"共同完善全球治理","增加新兴市场国家和发展中国家代表性和发言权"。

在新时代,在中国经济进入新常态的条件下,我们必须站在全球视野,更加自觉地统筹国内国际两个大局,全面谋划对外开放大战略,以更加积极主动的姿态走向世界。发展高质量的开放型经济,要更加注重引进外资的结构、质量和效益,积极主动地扩大进口,提高出口产品质量和竞争力,促进多元化发展，有效提升对外投资水平，严格保护创新主体的知识产权，营造公平竞争的营商环境，积极参与全球经济治理。

贯彻开放发展理念，要更加注重解决发展内外联动问题。发展更高层次的开放型经济，积极参与全球经济治理和公共产品供给，构建人类命运共同体，形成深度融合的互利合作格局，实现中国发展与世界发展得更好互动。要扩大视野招揽人才，引领发展、聚力发展。扩大开放，引进先进技术、优质资本。扩大交流合作，加强在政治、经济、文化、社会、生态五大领域的国内协调与国际合作。

六、贯彻共享发展理念

贯彻共享发展，就是要坚持以人民为中心的发展思想，把创新发展、协调发展、绿色发展、开放发展的合规律性与共享发展的合目的性有机统一起来，增进13亿多中国人的福祉、促进人的全面发展、维护社会公平正义、朝着共同富裕方向稳步前进。

贯彻共享发展理念，把13亿多中国人共享改革发展成果作为评判党的奋斗目标实现与否的第一标尺，体现了共产党抓执政兴国这个第一要务的价值取向。

贯彻共享发展理念，要更加注重解决社会公平正义问题。共享是以推进社会公平正义为前提的。共享与公平正义互为依托、相辅相成。没有共享谈不上公平正义，没有公平正义不可能共享。在 2013 年 11 月 12 日党的十八届三中全会第二次全体会议上，习近平同志强调："全面深化改革必须着眼创造更加公平正义的社会环境，不断克服各种有违公平正义的现象，使改革发展成果更多更公平惠及全体人民。"

维护公平正义，要以推进扶贫脱贫、缩小收入差距为抓手。习近平同志在关于制定"十三五"规划建议的说明中指出："我们不能一边宣布全面建成了小康社会，另一边还有几千万人口的生活水平处在扶贫标准线以下，这既影响人民群众对全面建成小康社会的满意度，也影响国际社会对我国全面建成小康社会的认可度。"按照党的十九大画定的路线图，到 2020 年，我们要实现的全面小康，是人人共享、不让一个人掉队的小康。从现在到 2020 年的这段时间里，我们必须采取过硬、管用的举措，立下愚公移山志，咬定目标、苦干实干，打赢扶贫攻坚战，确保我国现行标准下的贫困人口实现脱贫，兑现我们党向人民作出的郑重承诺。

维护公平正义，要以推进区域、城乡基本公共服务均等化为保障。要着眼全体人民，从解决人民群众最关心最直接最现实的利益问题入手，完善基本公共服务体系，努力实现基本公共服务全覆盖，让全体人民普遍受惠。由于受发展水平等各种因素制约，我国东中西部之间、城市与农村之间基本公共服务水平差距较大，革命老区、民族地区、边疆地区、贫困地区基本公共服务水平亟待提高。

维护公平正义，要以推进共同富裕为目标。党领导的社会主义事业，是要在解放生产力、发展生产力的基础上使全体人民最终实现共同富裕。贫穷不是社会主义，两极分化也不是社会主义，让人民群众共享改革发展成果、进而实现共同富裕才是社会主义的本质要求。习近平同志于 2013 年 12 月 26 日在纪念毛泽东诞辰 120 周年座谈会上的讲话中强调："面对人民过上更好生活的新期待，我们不能有丝毫自满和懈怠，必须再接再厉，使发展成果更多更公平惠及全体人民，朝着共同富裕方向稳步前进。"实现共同富裕是一个长期过程，我们促进共享发展，既要明确方向和目标，也要把握好阶段性特征，脚踏实地、一步一个脚印走向共同富裕。

共享不是搞平均主义，共享承认差距。承认差距，才能激发活力，才能促进发展，在发展中才能更好地保障和改善民生，多谋民生之利、多解民生之忧，在发展中补齐民生短板、促进社会公平正义，在幼有所育、学有所教、劳有所得、病有所医、老有所养、住有所居、弱有所扶上不断取得新进展，深入开展脱贫攻坚，保证全体人民在共建共享发展中有更多获得感，不断促进人的全面发展和全体人民的共同富裕。

共享不是坐享其成，不是不劳而获，共享必须共建。国家建设是全体人民共同的事业，国家发展过程也是全体人民共享成果的过程。共享需要共建做基础，共建需要共享提供动力、凝心聚力。中国特色社会主义事业是亿万人民自己的事业，亿万人民理所当然是享有者，也理所当然是建设者。我们坚持共享发展，既追求人人享有，也要求人人参与，人人都要发扬艰苦奋斗的精神，敢于担当善于作为，为国家发展、民族振兴和个人幸福贡献自己的力量。中国人民的幸福从来就不是谁恩赐的，也没有谁能够恩赐中国人民幸福美好生活。习近平同志在 2017 年 12 月 31 日发表的 2018 年新年贺词指出,幸福是奋斗出来的。

领导干部要在推动共享发展上有新思路、新举措,使发展更具有公平性、普惠性,使全体人民在发展中有更多获得感、更强幸福感。

第五讲 增强依法执政本领

增强依法执政本领，党要领导立法，"凡立法涉及重大体制和重大政策调整的，必须报党中央讨论决定。党中央向全国人大提出宪法修改建议，依照宪法规定的程序进行宪法修改。法律制定和修改的重大问题由全国人大常委会党组向党中央报告。"同时，党要保证执法、支持司法、带头守法。党要坚持用法治思维和法治方式谋划国家发展大计、破解改革难题、凝聚改革共识、规范发展行为、促进矛盾化解、保障社会和谐。要完善党内法规制度体系。党内法规既是管党治党的重要依据，也是建设社会主义法治国家的有力保障。要加强和改善党对国家政权机关的领导，把依法治国基本方略同依法执政基本方式统一起来；把党总揽全局、协调各方同人大、政府、政协、审判机关、检察机关、监察机关依法履行职能、开展工作统一起来；把党领导人民制定和实施宪法法律同党坚持在宪法法律范围内活动统一起来。要善于使党的主张通过法定程序成为国家意志；

善于使党组织推荐的人选成为国家政权机关的领导人员；善于通过国家政权机关实施党对国家和社会的领导；善于运用民主集中制原则维护中央权威和集中统一领导，维护全党全国团结统一。依法治国是党领导人民治理国家的基本方略，法治是党治国理政的基本方式。依法执政是党执政的基本方式。依法执政本领是衡量党的建设科学化制度化水平的重要指征，也是推进国家治理体系和治理能力现代化的内在要求。党的十九大报告强调，增强依法执政本领，加快形成覆盖党的领导和党的建设各方面的党内法规制度体系，加强和改善对国家政权机关的领导。

一、依法执政是党执政的基本方式

法律体现人民的意志，维护人民的利益。法治是国家治理体系和治理能力的重要依托。我们党是执政党，坚持依法执政，对全面推进依法治国具有重大意义。

依法执政是党的执政方式的历史性跨越。作为执政党，中国共产党一方面要表达和综合人民的利益，这主要体现在党制定的能代表人民根本利益的正确的路线方针政策上，另一方面要领导和改革国家权力机构，尤其是要通过廉洁、高效的服务型法治政府建设来迅速、有效地实现党的政治意图，最大限度地实现人民的利益，满足人民的多样化需求，从而赢得群众，巩固党执政的合法性基础，保持党的执政地位。党只有采取适当的执政方式，才能完成好这两个方面的功能。这里的执政方式主要是指执政党与国家权力系统的关系、执政党介入国家权力系统及在国家政权系统中进行权力运作的方法与途径、执政党通过国家政权控制和管理社会的方式和途径等[①]。

一个政党采取这种执政方式，而不采取那种执政方式是由多种因素决定的，但归根结底，是由执政党承担的领导任务及其所处的执政环境决定的。

[①] 刘启云：《"法治、宪政与依法执政"研讨会综述》，《学习时报》2004年9月20日。

这里所说的政党的执政环境主要是指：政党在执政期间国家所处的外部生存条件，如地缘政治，与世界大国的外交关系，在国际政治、经济、宗教等领域中的发展空间等；政党在执政期间国家的经济管理体制、社会发展战略、治国方略等。

无论执政方式对于执政党来说是熟悉的，还是陌生的，它在实现党的领导任务和执政目标过程中所起的作用是不以人的意志为转移的。所以，中国共产党执政后，十分重视对执政方式的探索。中国共产党执政后，到改革开放时，从领导革命的党转变为领导建设的党后，在封闭状态下领导计划经济时期，与发展计划经济的目标相适应，中国共产党形成了反映当时要求的执政方式，我们今天称之为传统执政方式，包括两种不同的模式：

第一种：执政党凌驾于国家政权机关之上，直接要求和命令国家政权机关在某些方面作为，而在另一些方面不作为。这种执政方式可以概括为政党决策、政权机关执行模式，国家政权机关在这种模式里实际上是执政党的一个庞大的、不可缺少的、有国家强制力作后盾的执行机构。新中国成立后，在相当一段时间内中国共产党采取的就是这种执政方式。1953年毛泽东所说的"大权独揽，小权分散，党委决定，各方去办"就是对这种执政方式的形象说明。1958年，毛泽东在南宁会议上再次解释说，"大政方针在政治局，具体部署在书记处，只有一个政治设计院，没有两个政治设计院。大政方针和具体部署，都是一元化，党政不分，具体执行和细节决策属于政府机构及其党组。对大政方针和具体部署，政府机构及其党组有建议之权,但决定权在党中央"。这就明确了三点:(1)党是国家政治生活的决策核心,在横向上,各个权力主体的权力都要集中于党委,在纵向上,则要集中于中央;(2)政府中的党组成为与政府共同承担政府功能的组织,并有权参与政府具体政策的制定;(3)政府不仅要受到其组织内的党组的领导,而且要受到其组织外的党的相应组织的领导,政府实际上成了党的组织体系内的一个部分,即党组织的一个执行机构。

第二种:执政党作为一个行政化的组织,与公共权力机构具有相对应的各种机构,直接代表、掌握和行使公共权力。在"文化大革命"中,各级革命委员会实行的一元化领导,集党政军大权于一身,包揽行政、司法、党务等一切权力,党政不分,以党代政,而国家政权机关,如人大、政府机构和公检法系统等实际上处于完全废置状态,这种状况就是对这种执政方式的最好诠释。

这两种执政方式模式的形成,与党当时所承担的领导任务和执政环境密不可分。从历史上看,1942年实施了党的一元化领导体制后,由于其强大的动员、组织和凝聚能力,使党领导抗日战争、解放战争、新中国成立后恢复经济和社会主义改造都取得了极大的成功。这就使党的一些领导人在思想上对这种集权的领导体制和领导方式有强烈的认同感[①]。社会主义改造完成以后,党的领导任务发生重大变化,即主要

---

① 张树军:《从革命党到执政党》,《21世纪经济报道》2004年9月20日。

是动员全体人民搞好以经济为中心的现代化建设，因而党的执政方式的转变出现新的契机。但是，在新生政权建立之初，由于帝国主义及其他敌对势力对中国的包围与封锁，党需要一定的集权外御强敌，内振国力。这时党不得不把公共权力高度集中在自己手里，实行党的职能和国家职能的一体化。

随着社会主义制度的巩固，国家政权机构的健全，党应该将过去揽在自己身上的那部分管理国家的职能转移给选举产生的权力机关、各级政府和各种社会组织，党主要行使政治上的领导和监督职能。但事实并非如此。究其原因，一是由于党在指导思想上的失误，党的工作重心没能完全从阶级斗争转到经济建设上来，因而，党的执政方式的转变虽然口头上、文件中也提出了多次，但行动上却不能真正落实。二是党政不分，以党代政在运作机制和文化心理上逐渐形成了巨大的惯性力量。三是由于我们当时实施的是优先发展重工业的赶超型发展战略和高度集中的计划经济体制，而这种命令、动员型的社会发展模式有两大特点：政府的行动主要依据的不是法律，而是政策；社会的发展，主要通过政治动员去推动。这就决定了与政府相比，强化党的领导更适合于这种发展模式和克服发展中的种种危机，最终使得以党代政、党政不分不是简单地源于领导人的偏好和党的天然的集权倾向，而在很大程度上成为我们实行的发展战略和计划经济体制的内在要求，是党完成艰巨的领导任务和实现宏图伟业的一种成本小、效率高的理性的、必然的选择。

这两种模式有着共同特点：（1）执政党与国家政权机关职责不清，以党代政，党政不分。（2）党政两个系统边界不清晰,在履行各自的职能时都出现越位、错位或者缺位现象。(3)由上述两个特点派生出来的,即由于执政党和国家政权两个系统职能不分、边界不清晰而导致领导制度的错误选择,致使权力与责任不对等。党组织应该实行民主集中制,实践中党的权力往往集中于党委,党委的权力往往集中在书记特别是第一书记手中,民主集中制变成了少数人甚至是一个人说了算;政府应该实行首长负责制,实践中行政首长却不能真正负起责任来,经常议而不决,决而不行。

上述两种执政方式模式在历史上曾发挥过重要作用,但是,这两种模式在运行中表现出的弊端也是明显的。主要表现在:(1)党陷于具体的、琐碎的事务之中,没有精力总揽全局;(2)党陷于各种矛盾的漩涡之中,没有能力协调各方;(3)党疏于自身建设,领导水平、执政能力的提高得不到保证;(4)政权机构的作用得不到充分发挥;(5)民众中蕴藏的积极性得不到发掘。①

在封闭状态下领导国家建设的党转变为在改革开放条件下领导国家建设的党后,党执政的国内国际环境发生了巨大变化,这迫切要求党的执政方式随之转变。

十一届三中全会以后,党的工作重点完成了从阶级斗争到经济建设的彻底转变,党的领导任务和党执政的环境都发生了根本性变化。从国内情况看,随着改革的深入,党的十四大明确把建立社会主义市场经济体制作为我国经济体制改

---

① 刘炳香:《创新党的执政方式》,《当代世界社会主义》2002年第1期。

革的总体目标，市场经济不仅为中国共产党的执政方式转变提供了理念支持、观念更新，而且要求党的执政方式为顺应市场经济内在规律而进行调整，这使中国共产党的执政方式转变的紧迫性日益突出。由于改革的对象是高度集权的经济政治体制，在改革全面推进的情况下，必然伴随分权的进程。这包括经济上的分权和政治上的分权。这两种分权事实上都一直在进行：在经济领域，所有制形式、经济组织形式、分配形式的多样化，都表明过去经济高度集权的情况已不复存在。在政治领域，村委会直选，社区自治，干部公开选拔，人代会立法作用的增强，司法检察机关相对独立地行使职权等等，也都表明中国的民主进程大大加快。这种进程是符合社会主义市场经济和社会主义民主政治发展方向的。党的执政方式要与这一进程相适应，必须发生一个重大转变，按照市场经济的要求及其理念，重新梳理执政党系统、国家政权系统与社会系统三者之间的关系。

面对国际大局的变动和国内经济生活和社会生活的急剧变化，如果不顾历史条件和现实情况的变化，简单沿用过去的方式方法来治国理政、管理社会，或不顾本地实际，生硬地照搬外国的模式或方法，都是行不通的。"老办法不管用，新办法不会用"的问题需要认真解决，党的执政方式的转变面临强大的外在压力。

从党的执政方式的现实情况来看，随着党的执政环境的根本性变化，中国共产党的传统执政方式的弊端越来越彻底地暴露出来。沿袭这种执政方式，不但不能加强党的领导，而且削弱、损害党的领导，危及党的执政地位；党和国家机关中大量存在的政治腐败、力量内耗、机构臃肿、人浮于事、效率低下、官僚主义、形式主义等无不与之紧密相连。随着市场经济的发展，市场经济使国家政权系统、社会系统的自主性加以彰显，执政党系统如何改变计划经济体制下形成的执政模式，如何剥离计划经济条件下和市场经济条件下执政方式的共性成分，如何使国家政权系统功能自主和社会系统自主，如何使执政党系统、国家政权系统和社会系统三者关系形成良性循环，这都需要进一步理清。这一切，使党的执政方式的转变具有强大的内在动力。

党的十四大把建立社会主义市场经济体制确定为我国经济体制改革的目标，这是我们党在现代化道路上的一个伟大创举和重大突破。一方面，由于不同国家的基本制度不同，所有制关系的基础不同，各国的市场经济不能不具有各自的特性。中国的社会主义市场经济，既要充分发挥社会主义制度的优越性，又要充分发挥市场机制的作用，不断解放和发展社会生产力，促进经济持续快速健康发展，并使改革和发展的成果惠及全体人民，实现发展社会生产力与全体人民共同富裕的统一。促进社会公平与正义，构建社会主义和谐社会。这是与世界上出现的各种市场经济模式都不相同的一种崭新的市场经济。另一方面，有中国特色的社会主义市场经济也是市场经济，必然具有市场经济的共性，它与其他国家的市场经济仍有许多共同之处。如，市场在国家宏观调控下对资源配置起决定性作用，经济活动遵循价值规律的要求，适应供求关系的变化，随着现代社会化大生产发展和经济商品化程度的提高，国家宏观调控与市场竞争已经紧密相连，经常交织在一起，市场经济越是发展越是要求大社会①强政府，等等。

现代市场经济从某种意义上说就是法治经济，对民主、法治有着本能的强烈要求，它要求把法律作为对经济运行实行宏观调控和微观调节的最主要手段，其他各种手段都必须纳入法治的范围，并要求整个社会生活的法治化与之相适应。只有这样，才能确立一整套完备的市场规则，形成和维护规范的市场秩序，保障市场机制的良性运行。

市场经济越是发展，对法律的需求越是突出、迫切。这既包括对市场主体的法律地位及其权利、义务关系的确认，对诸如产权关系、市场体系、市场组织和结构等市场经济制度的规定，对各种生产要素的市场配置、市场参加者的行为及相互关系等市场经济关系的界定，对市场经济运行机制和各环节的规范，反对不正当竞争和垄断，维护市场秩序等等，又包括规范政府调控市场的行为，以法治权，以权利制约权力等等。健全法治体系和完备法律手段已成为市场经济发展的内在要求和有机构成。

社会的发展，市场秩序和效率是非常重要的，而协调社会分配、平衡利益冲突、达到必需的社会公平同样重要。效率与公平是人类物质生产与生活的固有矛盾，单纯追求公平来牺牲效率不行，因为如果不以生产力的发展和劳动效率的

---

① "大社会"是指充分发挥个人、企业以及各种社会组织的经济自主权和自我管理功能，逐步实行广泛的民主自治和民主管理。"大社会"能不能"大"起来，归根结底要看经济的市场化程度。

提高为基础，就没有条件实现社会公平；强调效率而忽视、放弃社会公平也不行，因为分配不公、不合理，不仅会挫伤劳动者的积极性，而且会减弱广大人民群众对改革的支持力和承受力，从长远来说，也不利于实现共同富裕。要通过市场竞争机制进行初次分配反映效率和差距，又通过国家调节的作用进行再分配体现社会公平，最终实现共同富裕，更离不开法治。

使适度的政府宏观调控和必要的行政管理与市场机制有机耦合，关键也要靠法治。正因为如此，中共十五大提出依法治国，即，广大人民群众在党的领导下，依照宪法和法律规定，通过各种途径和形式管理国家事务，管理经济文化事业，管理社会事务，保证国家各项工作都依法进行，逐步实现社会主义民主的制度化、法律化，使这种制度和法律不因领导人的改变而改变，不因领导人的看法和注意力的改变而改变。党的十五大强调，依法治国是党领导人民治理国家的基本方略，是发展社会主义市场经济的客观需要，是社会文明进步的重要标志，是国家长治久安的重要保障。

1999年，"依法治国，建设社会主义法治国家"正式载入宪法。依法治国的核心是依法执政。当社会主义市场经济最终成为中国发展经济的必然选择后，随着市场经济的发展而必然带来政治、社会、思想各方面的变化。加之经济全球化的影响，都使计划经济体制下形成的执政方式模式不再适应实践的要求。经济体制的变化带来党的治国方略的变化，治国方略的变化促使党选择依法执政，完成了执政方式的历史性选择与跨越。

在领导中国特色社会主义建设过程中，党不断完善执政方式，推进国家治理体系与治理能力现代化。2002年，党的十六大对党的历史方位作出明确判断："我们党历经革命、建设和改革，已经从领导人民为夺取全国政权而奋斗的党，成为领导人民掌握全国政权并长期执政的党；已经从受到外部封锁和实行计划经济条件下领导国家建设的党，成为对外开放和发展社会主义市场经济条件下领导国家建设的党。"基于党执政历史方位的判断，十六大提出，发展社会主义民主政治，最根本的是要把坚持党的领导、人民当家作主和依法治国有机统一起来。2003年10月召开的党的十六届三中全会上，党再次提出："要自觉适应社会主义市场经济发展的新形势，改革和完善党的领导方式和执政方式，坚持谋全局、把方向、管大事"。2004年9月召开的党的十六届四中全会上，党要求进一步改革和完善党的执政方式，实现科学执政、民主执政、依法执政。所谓科学执政，就是要以科学的思想、科学的制度、科学的方法领导中国特色社会主义事业；民主执政，就是要坚持为人民执政、靠人民执政，以发展党内民主带动人民民主，领导和支持人民当家作主；依法执政，就是要坚持依法治国，领导立法，带头守法，保证执法，不断推进国家政治、经济、文化、社会生活的法制化、规范化。其中，依法执政是"新的历史条件下党执政的一个基本方式"，"科学执政、民主执政"必须落实到制度建设上，通过"依法执政"来实现。

2012年11月，中国经过34年的改革开放，在取得经济迅速发展的同时，也产生了许多深层次社会问题，经济生活中短期化、功利化倾向暴露无遗，要克服这两种问题，必须采用法治化手段；改革逐步走向"深水区"，需要通过法治形成规范有序的推进方式，需要用法治思维和法治方式。因此，党的十八大强调"法治是治国理政的基本方式"，要更加注重发挥法治在国家治理和社会管理中的重要作用，要求到2020年"依法治国基本方略全面落实，法治政府基本建成"。

党的十八大以来，党中央高度重视依法治国。党的十九大报告指出，全面依法治国是国家治理的一场深刻革命，必须坚持厉行法治，推进科学立法、严格执法、公正司法、全民守法。要加强对法治中国建设的统一领导。加强宪法实施和监督，推进合宪性审查工作，维护宪法权威。推进科学立法、民主立法、依法立法，以良法促进发展、保障善治。建设法治政府，推进依法行政，严格规范公正文明执法。深化司法体制综合配套改革，全面落实司法责任制，努力让人民群众在每一个司法案件中感受到公平正义。加大全民普法力度，建设社会主义法治文化，树立宪法法律至上、法律面前人人平等的法治理念。各级党组织和全体党员要带头尊法学法守法用法，任何组织和个人都不得有超越宪法法律的特权，绝不允许以言代法、以权压法、逐利违法、徇私枉法。

坚持依法执政，必须做到权为民所用。各级领导机关和领导干部要提高运用法治思维和法治方式的能力，努力以法治凝聚改革共识、规范发展行为、促进矛盾化解、保障社会和谐。我们要健全权力运行制约和监督体系，有权必有责，用权受监督，失职要问责，违法要追究，保证人民赋予的权力始终用来为人民谋利益。在2015年2月2日省部级主要领导干部学习贯彻党的十八届四中全会精神、全面推进依法治国专题研讨班上的讲话中，习近平同志强调，要把权力关进制度的笼子里，依法设定权力、规范权力、制约权力、监督权力。

各级干部要正确行使人民赋予的权力，坚持原则，依法办事，清正廉洁，勤政为民。要"按照制度规则行使法定权力"把握好权力边界，既要积极作为，又不能乱作为，做到法有授权必须为，法无授权不可为，要牢固树立全心全意为人民服务的宗旨意识，坚持权为民所用，利为民所谋，保障人权，维护社会公平正义，实现人民福祉。

坚持依法执政，必须深入开展反腐败斗争，坚决惩治腐败现象。党的十八大以来，以习近平同志为核心的党中央反腐败的决定坚如磐石。一方面，全面加强惩治和预防腐败体系建设，加强廉政教育和廉政文化建设，健全权力运行制约和监督体系，加强反腐败国家立法，加强反腐败党内法规制度建设，深化腐败问题多发领域和环节的改革，确保国家机关按照法定权限和程序行使权力，加强对权力运行的制约和监督，把权力关进制度的笼子里，形成不敢腐的惩戒机制、不能腐的防范机制、不易腐的保障机制。另一方面，严格管理干部。习近平同志强调，任何人都没有法律之外的绝对权力，任何人行使权力都必须为人民服务、对人民负责，并自觉接受人民监督。要加强对一把手的监督，认真执行民主集中制，健全施政行为公开制度，保证领导干部做到位高不擅权、权重不谋私。要坚持党纪国法面前没有例外，不管涉及谁，都要一查到底，决不姑息。习近平同志指出，领导干部一旦出现廉洁问题，就是一票否决。党的领导干部是人民的勤务员，任何时候都不能利用权力谋取私利。

腐败与制度体制机制完善程度呈负相关。制度、体制机制越是完善，以权谋私、权钱交易、权权交易的空间越小。但如果领导干部牢固树立起了正确的世界观、人生观、价值观，即使制度体制机制有漏洞，也能控制自己钻空子、以权谋私的冲动，保持政治定力，做到"梨虽无主，我心有主"。制度永远不可能完美无漏洞，领导干部的党性修养永远在路上。保证权为民所用，利为民所谋，最根本出路在于以真实的党内民主推动国家民主，把党的十七大、党的十八大、党的十九大报告中都明确要求的"让人民监督权力，让权力在阳光下运行"变成现实，保证利益相关者随时可以审视、监督，从而保证权力正确运行。

坚持依法执政，必须进行全民法制宣传和法治教育。在一个有着几千年人治传统的社会，实现法治化转型，需要数代人为之奋斗。这是全民的任务。党领导法治国家建设，实现依法治国，要唤起全体人民，共同努力，建设一个富强、民主、自由、法治的新国家。各级党组织和党员领导干部要带头厉行法治，提高运用法治思维和法治方式深化改革、推动发展、化解矛盾、维护稳定能力，要引导群众通过法律程序、运用法律手段解决各类社会矛盾，推动形成办事依法、遇事找法、解决问题用法、化解矛盾靠法的良好环境，形成守法光荣的良好氛围，在法治轨道上推动各项工作。同时，要深入开展全民法制宣传和法治教育，在全社会弘扬社会主义法治精神。群众"法无禁止即可为"，但有禁则不可为，要自觉维护宪法法律权威。任何组织或者个人都必须在宪法和法律范围内活动，任何公民、社会组织和国家机关都要以宪法和法律为行为准则，依照宪法和法律行使权利或权力、履行义务或职责。要坚持法制教育与法治实践相结合，广泛开展依法治理活动，提高社会管理法治化水平。

二、正确处理党的领导与法治的关系

党的领导和法治的关系是依法执政的核心。二者是一致的。社会主义法治必须坚持党的领导，党的领导必须依靠社会主义法治。党的领导是完善社会主义法治、全面推进依法治国、加快建设社会主义法治国家最根本的保证。必须加强和改进党对法治工作的领导，把党的领导贯彻到全面推进依法治国全过程。《中共中央关于全面推进依法治国若干重大问题的决定》强调：坚持党的领导，是社会主义法治的根本要求，是党和国家的根本所在、命脉所在，是全国各族人民的利益所系、幸福所系，是全面推进依法治国的题中应有之义。在 2014 年 10 月 20 日党的十八届四中全会上，习近平同志做关于《中共中央关于全面推进依法治国若干重大问题的决定》的说明时指出，党和法治的关系是法治建设的核心问题。全面推进依法治国这件大事能不能办好，最关键的是方向是不是正确、政治保证是不是坚强有力，具体讲就是要坚持党的领导，坚持中国特色社会主义制度，贯彻中国特色社会主义法治理论。党的领导是中国特色社会主义最本质的特征，是社会主义法治最根本的保证。中国特色社会主义制度是中国特色社会主义法治体系的根本制度基础，是全面推进依法治国的根本制度保障。中国特色社会主义法治理论是中国特色社会主义法治体系的理论指导和学理支撑，是全面推进依法治国的行动指南。这三个方面实质上是中国特色社会主义法治道路的核心要义，规定和确保了中国特色社会主义法治体系的制度属性和前进方向。

坚持党领导立法、保证执法、支持司法、带头守法。

领导立法就是要加强党对立法工作的领导，推进科学立法、民主立法。为了加强党对立法工作的领导，必须完善党对立法工作中重大问题决策的程序。《中共中央关于全面推进依法治国若干重大问题的决定》强调："凡立法涉及重大体制和重大政策调整的，必须报党中央讨论决定。党中央向全国人大提出宪法修改建议，依照宪法规定的程序进行宪法修改。法律制定和修改的重大问题由全国人大常委会党组向党中央报告。"加强党对立法工作的领导，目的在于确保在立法中恪守以民为本、立法为民理念，贯彻社会主义核心价值观，使每项立法都符合宪法精神、反映人民意志、得到人民拥护。通过立法，使党的主张与人民的意愿相结合，把党的路线方针政策上升为制度、法律，变为国家意志。

保证执法就是党的各级组织要督促和支持国家机关依法行使职权，依法推动各项工作的开展，切实维护公民的合法权益。对国家机关依法行使职权、处理事务的行为，党组织要给予支持，不得以其他理由、依据加以干涉；国家机关未能依法行使职权时，党的各级组织要加以督促，对违法行使职权的要加以纠正。《中共中央关于全面推进依法治国若干重大问题的决定》强调：各级人大、政府、政协、审判机关、检察机关的党组织要领导和监督本单位模范遵守宪法法律，坚决查处执法犯法、违法用权等行为。

支持司法就是党的各级组织要支持人民法院、人民检察院依法独立公正地行使审判权、检察权。人民法院依据宪法独立地拥有审判权，人民检察院依据宪法独立地享有检察权。确保人民法院、人民检察院在行使职权时的独立地位，这是司法公正的前提条件。人民法院、人民检察院在独立行使职权、处理案件时，以法律为依据，就是以党和人民的共同意志为依据，就是体现党的领导。各级党政机关和领导干部要支持法院、检察院依法独立公正行使职权。党的十八届四中全会后，普遍建立领导干部干预司法活动、插手具体案件处理的记录、通报和责任追究制度。任何党政机关和领导干部都不得让司法机关做违反法定职责、有碍司法公正的事情，任何司法机关都不得执行党政机关和领导干部违法干预司法活动的要求。

带头守法就是各级党组织都要在宪法和法律范围内活动，全体党员都要模范遵守宪法和法律。中国共产党领导立法，其必然逻辑就是，党自身要带头守法。宪法和法律是党领导人民制定的，体现人民意志，也体现党的主张，所以，党的各级组织、全体党员都要遵守宪法和法律，党的各级组织的执政行为、活动都要在宪法、法律范围内进行。如果说领导立法是依法执政前提的话，那么带头守法就是依法执政的关键。各级党组织和领导干部要深刻认识到，维护宪法法律权威就是维护党和人民共同意志的权威，捍卫宪法法律尊严就是捍卫党和人民共同意志的尊严，保证宪法法律实施就是保证党和人民共同意志的实现。各级领导干部要对法律怀有敬畏之心，牢记法律红线不可逾越、法律底线不可触碰，带头遵守法律，带头依法办事，不得违法行使权力，更不能以言代法、以权压法、逐利违法、徇私枉法。

坚持用法治思维和法治方式谋划国家发展大计、破解改革难题，化解矛盾、维护稳定。各级领导机关和领导干部要提高运用法治思维和法治方式的能力，努力以法治凝聚改革共识、规范发展行为、促进矛盾化解、保障社会和谐。

党的干部是全面推进依法治国的重要组织者、推动者、实践者，要以身作则、以上率下。无论是决策目标还是决策方案和决策程序，都不能与法律相抵触，都必须严格在法律规定的范围内进行。《中共中央关于全面推进依法治国若干重大问题的决定》明确要求建立重大决策终身责任追究制度及责任倒查机制，对决策严重失误或者依法应该及时作出决策但久拖不决造成重大损失、恶劣影响的，严肃追究行政首长、负有责任的其他领导人员和相关责任人员的法律责任。即使已经离任或者退休，也要追究到底。同时，党员干部行使职能必须严格依照法律的授权进行，要坚持法定职责必须为、法无授权不可为的原则，勇于负责、敢于担当，坚决纠正不作为、乱作为两种错误倾向，既反对懒政、怠政，坚决惩处失职、渎职，又反对越权、专权乱作为。

《中共中央关于全面推进依法治国若干重大问题的决定》首次使用考核这个指挥棒来促进干部树立法治思维，提高依法办事能力。明确提出，要把法治建设成效作为衡量各级领导班子和领导干部工作实绩重要内容，纳入政绩考核指标体系。把能不能遵守法律、依法办事作为考察干部重要内容，在相同条件下，优先提拔使用法治素养好、依法办事能力强的干部。对特权思想严重、法治观念淡薄的干部要批评教育，不改正的要调离领导岗位。

坚持党的领导、人民当家作主、依法治国有机统一。党的领导是人民当家作主和依法治国的根本保证，人民当家作主是社会主义民主政治的本质特征，依法治国是党领导人民治理国家的基本方式，三者统一于我国社会主义民主政治伟大实践。在我国政治生活中，党是居于领导地位的，加强党的集中统一领导，支持人大、政府、政协和法院、检察院依法依章程履行职能、开展工作、发挥作用，这两个方面是统一的。要改进党的领导方式和执政方式，保证党领导人民有效治理国家；扩大人民有序政治参与，保证人民依法实行民主选举、民主协商、民主决策、民主管理、民主监督；维护国家法制统一、尊严、权威，加强人权法治保障，保证人民依法享有广泛权利和自由。巩固基层政权，完善基层民主制度，保障人民知情权、参与权、表达权、监督权。健全依法决策机制，构建决策科学、执行坚决、监督有力的权力运行机制。各级领导干部要增强民主意识，发扬民主作风，接受人民监督，当好人民公仆。

三、完善党内法规制度体系

全面从严治党是党依法执政的保证。在建设社会主义法治国家进程中,党始终发挥着根本性、全局性领导作用。只有把党建设好,党员特别是党员领导干部牢固树立法治意识,自觉运用法治思维和法治方式想问题、作决策、办事情,带动全社会遵法、守法、用法,把党的政治优势、社会主义的制度优势转化为管理国家的效能,才能真正代表人民、带领人民、组织人民正确制定和严格实施法律;只有加强和改善党的领导,充分发挥党总揽全局、协调各方的领导核心作用,领导立法、保证执法、支持司法、带头守法,才能确保依法治国的正确政治方向;只有在党的领导下依法治国、厉行法治,人民当家作主才能充分实现,国家和社会生活法治化才能有序推进。

我们党是一个有着8956.4万党员的大党,肩负着带领13亿多人民走中国特色社会主义道路,实现两个百年奋斗目标和中华民族伟大复兴的艰巨任务。坚持全面从严治党,才能保证全党统一意志、步调一致,确保党始终成为中国特色社会主义事业的坚强领导核心。

全面从严治党,必须以党内法规为准绳。党内法规既是管党治党的重要依据,也是建设社会主义法治国家的有力保障。依法执政,既要求党依据宪法法律治国理政,也要求党依据党内法规管党治党。完善的党内法规体系是中国特色社会主义法治体系的有机组成部分，又为建设法治中国保驾护航。1978年12月13日，邓小平在中央工作会议闭幕会上强调指出："没有党规党法，国法就很难保障。"

党内法规严于国家法律。党的各级组织和广大党员干部不仅要模范遵守国家法律，而且要按照党规党纪以更高标准严格要求自己，坚定理想信念，践行党的宗旨，坚决同违法乱纪行为作斗争。对违反党规党纪的行为必须严肃处理，对苗头性倾向性问题必须抓早抓小，防止小错酿成大错、违纪走向违法。党是肩负神圣使命的政治组织，党员是有着特殊政治职责的公民。国家法律是全体公民必须遵循的行为底线。党规党纪对党员的要求严于国家法律对普通公民的要求。申请加入中国共产党，面对党旗宣过誓，就成了有组织的人，就意味着主动放弃一部分普通公民享有的权利和自由，就必须多尽一份义务，就要在政治上讲忠诚、组织上讲服从、行动上讲纪律。党的领导干部尤其是高级干部放弃的要更多，责任和担当要更大。如果执政党连自己的党规党纪都守不住、执行不下去，依法治国、依法执政就是一句空话。

加强党内法规制度建设，运用党内法规把党要管党、全面从严治党落到实处，才能促进党员、干部带头遵守国家法律法规，推动法治精神内化于心、外化于行，使每一位党员铭记自己肩上的责任和使命，宣传群众、感召群众，众志成城推进依法治国。

根据2013年5月出台的《中国共产党党内法规制定条例》，所谓党内法规是党的中央组织以及中央纪律检查委员会、中央各部门和省、自治区、直辖市党委，根据党的性质、纲领和实现党的路线、方针、政策的需要而制定的规范党组织的工作、活动和党员行为的党内规章制度的总称。经过近百年的实践探索，我们党已形成了一整套系统完备、层次清晰、运行有效的党内法规制度。党内法规由党章、准则、条例、规则、规定、办法、细则等七类构成。体现着党的先锋队性质和先进性要求，使管党治党建设党有章可循、有规可依。党的决议、决定、意见、通知统称为党内规范性文件。党内法规与党内规范性文件相得益彰，共同构成党内法规制度体系。

党的十八大以来，党内法规制定完善工作紧锣密鼓地展开，根据《中国共产党党内法规制定条例》和《中央党内法规制定工作五年规划纲要（2013—2017年）》的要求，立足当前、着眼长远、统筹推进，确保到建党100周年时，全面建成内容科学、程序严密、配套完备、运行有效的党内法规制度体系。其重点是对一些分散交叉的党内法规和规范性文件进行整合提升，形成一批综合性党内法规，党内法规制度的集成性明显提高；针对党的建设和党的工作中存在的突出问题，以保障党员权利、发展党内民主、改革用人制度、加强基层组织、推进作风转变、规范权力行使、严明党的纪律、强化党内监督为重点，抓紧制定实践迫切需要、干部群众热切期待的党内法规，努力为解决干部群众普遍关注的热点难点问题提供制度安排；加强对已有党内法规制度的配套建设，使基础主干党内法规的实施办法和细则基本完备，相应的配套专项制度不断完善，程序性、保障性、惩戒性规定得到强化，党内法规的匹配性、操作性、实用性明显提高；党内法规工作的统筹规划机制、审议审核机制、动态清理机制、备案审查机制、解释评估机制建立健全并有效运行,不同领域、不同位阶、不同效力的党内法规相互衔接,党内法规的系统性、协调性、统一性明显提高。

形成配套完备的党内法规制度体系,要完善党内法规制定体制机制,加大党内法规备案审查和解释力度。《中国共产党党内法规制定条例》和《中国共产党党内法规和规范性文件备案规定》的施行,旨在提高党内法规制定质量、党的建设科学化水平,保障宪法和法律的实施。

形成配套完备的党内法规制度体系,要注重党内法规同国家法律的衔接和协调,提高党内法规执行力,运用党内法规把党要管党、全面从严治党落到实处,促进党员、干部带头遵守国家法律法规。

党内法规应着重规范党的政治纪律、组织纪律,带动廉洁纪律、群众纪律、工作纪律、生活纪律严起来,保证党员坚定理想信念宗旨、保持优良作风、坚守道德操守,做到要义明确、简明易懂、便于执行。党内法规建设要循序渐进,先从提出工作要求入手,探索实践、不断总结,再上升为制度。党内法规对社会主义法治建设具有引领作用。有些规范、要求在全社会还不具备实施条件时,可以通过对党员提出要求,先在党内实行,不断调整完善,辅以在全社会宣传引导,条件成熟时再通过立法在国家层面施行。要及时将全面深化改革的实践经验和制度成果,通过法定程序转化为国家法律法规,保证党的路线、方针、政策得到贯彻。

截至党的十九大召开,中共现有在全党层面上生效的、成文的党内法规和规范性文件500多件，包括2014年11月完成对新中国成立到2012年6月期间出台的党内法规和规范性文件清理之后，保留下来继续有效的487件（其中42件继续有效但需要修订），也包括党的十八以来，截至党的十九大召开这期间新出台和新修订的90件。这构成了一张严密的党内法规制度之网，用以规范执政党依法执政，规范党的组织及其相互关系，规范党员的权利、义务，保障国家法制的统一，推进法治国家、法治政府和法治社会的一体建设，实现依法治国和依规治党有机统一。

党内法规制度体系建设永远在路上。党的十九大后，于2018年2月23日，中共中央印发《中央党内法规制定工作第二个五年规划（2018—2022年）》，深入贯彻落实习近平新时代中国特色社会主义思想和党的十九大精神，以习近平新时代中国特色社会主义思想为指引，紧紧围绕坚持和加强党的全面领导、紧紧围绕以党的政治建设为统领全面推进党的各项建设，着眼于到建党100周年时形成比较完善的党内法规制度体系，对今后5年党内法规制度建设进行顶层设计，提出了指导思想、目标要求、重点项目和落实要求，旨在推进新时代党内法规制度建设，实现依规治党，为依法执政提供保障。《规划》提出，要适应新时代坚持和加强党的全面领导、以党的政治建设为统领全面推进党的各项建设的需要，坚持问题导向，直面人民群众反映强烈、弱化党的领导、损害党的先进性和纯洁性的问题，发挥制度的治本作用，抓紧制定实践亟须、条件成熟、务实管用的法规制度，堵塞制度漏洞。坚持立改废释并举。坚持党内法规同国家法律衔接和协调。到建党 100 周年时形成以党章为根本、以准则条例为主干，覆盖党的领导和党的建设各方面的党内法规制度体系，并随着实践发展不断丰富完善。党内法规制度质量明显提高，执行力明显提升，系统性、整体性、协同性明显增强。

在完善党内法规体系的同时，不断健全党内法规执行机制，严格落实党章党规的各项规定。坚持有规必依、执规必严、违规必究，加大党内法规执行力度，维护党内法规制度的严肃性和权威性，切实做到法规制度面前人人平等、遵守法规制度没有特权、执行法规制度没有例外，坚决防止出现"破窗效应"。要认真学习党章，严格遵守党章，维护党章在党内法规体系中的最高权威地位。

在党内法规体系中，党章具有最高效力。从内容上看，党章是最根本的党内法规，是党的总章程，党章对党的性质、宗旨、指导思想、奋斗纲领和重大方针政策作出了明确规定，对党员权利和义务作出了明确规定，对党的制度和各级党组织的行为规范作出了明确规定，对党的各级领导干部的基本条件作出了明确规定，对党的纪律作出了明确规定，是全党必须共同遵守的根本行为规范，是全党必须遵循的总规矩。从党章的制定和修改主体看，党章是由党的代表大会制定和修改的，而党的全国代表大会是党的最高权力机关，其制定和修改的党章是全党意志的最高体现。因此，建立健全党内制度体系，要以党章为根本依据；判断各级党组织和党员、干部的表现，要以党章为基本标准；解决党内矛盾，要以党章为根本规则。在各级党组织的全部活动中，都要坚持引导广大党员、干部特别是领导干部自觉学习党章、遵守党章、贯彻党章、维护党章，自觉加强党性修养，增强"四个意识"，坚定"四个自信"，切实做到为党分忧、为国尽责、为民奉献。

党员领导干部要做学习党章、遵守党章的模范。凡是党章规定党员必须做到的，领导干部要首先做到；凡是党章规定党员不能做的，领导干部要带头不做。要严格按照党章规定的党员领导干部必须具备的六项基本条件，提高自身素质和能力，经常检查和弥补自身不足。特别是要在坚定理想信念、坚持实事求是、推动科学发展、密切联系群众、加强道德修养、严守党的纪律等方面为广大党员作出表率。要严格执行党章关于民主集中制的各项规定，并落实到制定决策、选人用人等领导工作各个环节。要带头执行党的政治纪律，自觉维护中央权威和集中统一领导，厉行工作规程，做到令行禁止，保证中央政令畅通。要严格执行党章关于党内政治生活的各项规定，敢于坚持原则，勇于开展批评和自我批评，带头弘扬正气、抵制歪风邪气。要坚持党的群众路线，从群众中来、到群众中去，深入基层调查研究，亲近群众，联系群众，服务群众，做好新形势下的群众工作。

要加强对遵守党章、执行党章情况的督促检查，对党章意识不强、不按党章规定办事的要及时提醒，对严重违反党章规定的行为要坚决纠正，全党共同来维护党章的权威性和严肃性。

四、加强和改善党对国家政权机关的领导

加强和改善党对国家政权机关的领导，是党执政的最基本体现，是党实现党的执政意图的最基本途径。党的领导是中国特色社会主义最本质的特征，是中国特色社会主义制度的最大优势。党的十九大报告指出，党的领导是"把方向、谋大局、定政策、促改革"，是在国家一切事务中"总揽全局，协调各方"，保证国家的立法、司法、行政、监察机关，经济、文化组织和人民团体积极主动地、独立负责地、协调一致地工作。

加强和改善党对国家政权机关的领导，概括起来，就是"三个统一""和四个善于"。即把依法治国基本方略同依法执政基本方式统一起来；把党总揽全局、协调各方同人大、政府、政协、审判机关、检察机关、监察机关依法履行职能、开展工作统一起来；把党领导人民制定和实施宪法法律同党坚持在宪法法律范围内活动统一起来。习近平同志于2012年12月4日在首都各界纪念现行宪法公布施行30周年大会上的讲话中指出，我们要坚持党总揽全局、协调各方的领导核心作用，坚持依法治国基本方略和依法执政基本方式，善于使党的主张通过法定程序成为国家意志，善于使党组织推荐的人选成为国家政权机关的领导人员，善于通过国家政权机关实施党对国家和社会的领导，支持国家权力机关、行政机关、审判机关、检察机关依照宪法和法律独立负责、协调一致地

开展工作。习近平同志强调，"民主集中制是我们党最大的制度优势"。我们要善于运用民主集中制原则维护中央权威和集中统一领导，维护全党全国团结统一。《中共中央关于全面深化改革若干重大问题的决定》明确要求，在推进全面深化改革过程中，要"形成科学有效的权力制约和协调机制。完善党和国家领导体制，坚持民主集中制，充分发挥党的领导核心作用。规范各级党政主要领导干部职责权限，科学配置党政部门及内设机构权力和职能，明确职责定位和工作任务"。

加强和改善党对国家政权机关的领导，必须严格执行重大问题请示报告制度。全国人大常委会、国务院、全国政协，最高人民法院、最高人民检察院、国家监察委员会，其党组织要定期向党中央报告工作。研究涉及全局的重大事项或作出重大决定要及时向党中央请示报告，执行党中央重要决定的情况要专题报告。遇有突发性重大问题和工作中重大问题要及时向党中央请示报告，情况紧急必须临机处置的，要尽职尽力做好工作，并迅速报告。

地方同级各个组织中的党组织和领导干部要自觉接受同级党委领导、向同级党委负责，重大事项和重要情况及时向同级党委请示报告。

加强和改善党对国家政权机关的领导，要正确处理党的政策和国家法律的关系。2014年1月8日习近平同志在中央政法工作会议上强调，我们党的政策和国家法律都是人民根本意志的反映，在本质上是一致的。我们要自觉维护党的政策和国家法律的权威性，确保党的政策和国家法律得到统一正确实施。党的政策和国家法律都是党领导人民治理国家的重要方式，都是党用以统筹社会力量、平衡社会利益、调节社会关系、规范社会行为，推动科学发展、全面深化改革、促进社会和谐的重要手段。二者所不同的是，政策和法律以各自独有的表现形式、作用范围、效力支撑而有着不同的特点和优势。党的政策，更具有灵活性、时代性、探索性、指导性，在研判国际国内发展大势、确定国家未来走向的宏观战略，指导最新创造性实践，解决改革发展稳定中不断出现的新矛盾新问题、人民群众反映强烈的热点难点问题等方面，发挥着重要作用。国家法律，更具有普遍性、稳定性、强制性，在规范公民权利与义务、国家机关权力与责任，定纷止争、维护社会稳定和社会公平正义，调整相对成熟、相对稳定的重大社会关系等方面，发挥着重要作用。同时，政策和法律又具有紧密的内在联系。党的政策是国家法律的先导和指引，是立法的依据和执法司法的重要指导；国家法律是党的政策的定型化，党的政策经过法定程序上升国家意志，成为法律后，实施法律就是贯彻党的意志，依法办事就是执行党的政策。它们相辅相成、相互补充、相得益彰。在新时代，完善和发展中国特色社会主义制度，推进国家治理体系和治理能力现代化，不仅催生着越来越密集、越来越迫切的政策和法律需求，而且为政策和法律发挥各自优势开辟了越来越广阔的空间。在深化改革的顶层设计方面，在重要领域和关键环节改革试点先行、投石问路方面，在涉及群体广泛、利益关系复杂、牵一发而动全身的深层次改革方面，在前沿改革的探索性实践方面，凡此等等，都要注重发挥政策的积极作用。当改革取得的重要成果需要及时巩固，改革积累的成功经验需要普遍推广，改革理顺的利益关系趋于合理稳定需要固化定型，就要及时发挥法律的积极作用。当然，在全面深化改革过程中，政策和法律的作用范围并不是泾渭分明、截然分开的，往往是交互作用、同频共振，共同推动改革有序进行。这里需要强调的是，要注重立法和改革政策相衔接，做到重大改革于法有据、立法主动适应改革和经济社会发展需要。也就是说，谋划重大改革、推进重大改革，要主动把法律因素考虑进来，自觉运用法治手段。实践证明行之有效的，要及时上升为法律；实践条件还不成熟、需要先行先试的，要按照法定程序作出授权；对不适应改革要求的法律法规，要及时修改或废止，确保重大改革在法治轨道上进行。确保"党的政策与国家法律要协调一致的发展，党的方针、政策的制定要符合宪法和法律"。

第六讲 增强群众工作本领

党的全部执政活动，离不开强有力的群众工作。党把赢得民心作为最大的政治。在新时代，要善于运用法治思维和法治方式做好群众工作，善于借助互联网、大数据等信息化手段，走好"网上群众路线"，在组织、宣传、引导、服务、教育群众过程中，要发挥工会、共青团、妇联等群团组织党联系群众的桥梁和纽带作用。要做好新时代群众信访工作。党的群众工作的成败得失要由人民群众来检验、来评判。

党的群众工作，是我们党依据人民群众是创造社会历史的根本动力的历史唯物主义原理，宣传、发动、教育和组织人民群众为实现中华民族伟大复兴中国梦而不懈奋斗的基础性工作，是维护人民群众利益、凝聚人民群众力量、激发人民群众积极性主动性创造性的工作，是党关心群众、服务群众、教育群众的载体。习近平同志指出："党的全部执政活动，离不开强有力的群众工作"。① 是否重视做群众工作，是否善于做群众工作，是衡量领导干部政治上是否合格、工作上是否称职、领导能力强不强的一个基本标准。

党的十九大报告强调，增强群众工作本领，创新群众工作体制机制和方式方法，推动工会、共青团、妇联等群团组织增强政治性、先进性、群众性，发挥联系群众的桥梁纽带作用，组织动员广大人民群众坚定不移跟党走。

一、有群众观念，走群众路线

人民立场是党的根本政治立场。中国共产党是中国工人阶级的先锋队，同时是中国人民和中华民族的先锋队，代表中国先进生产力的发展要求，代表中国先进文化的前进方向，代表中国最广大人民的根本利益。中国共产党的性质决定了党必须始终站稳人民立场，坚持全心全意为人民服务的根本

---

① 习近平：《全面贯彻落实党的十八大精神要突出抓好六个方面工作》，《求是》2013年第1期。

宗旨，同人民保持密切联系。习近平同志在中国共产党成立95周年大会上指出："人民立场是中国共产党的根本政治立场，是马克思主义政党区别于其他政党的显著标志。党与人民风雨同舟、生死与共，始终保持血肉联系，是党战胜一切困难和风险的根本保证。"① 坚持人民立场就必须坚持人民主体地位，坚持立党为公、执政为民，践行全心全意为人民服务的根本宗旨，自觉贯彻党的群众路线，心系群众，为民造福，把党的群众路线贯彻到治国理政全部活动之中，把人民对美好生活的向往作为奋斗目标，依靠人民创造历史伟业。

站稳人民立场，体现了马克思主义唯物史观。中国共产党向来坚持马克思主义历史唯物主义，认为人民是历史的创造者，是推动社会变革的决定性力量。毛泽东于1945年4月在中国共产党第七次全国代表大会上指出，"人民，只有人民，才是创造世界历史的动力"。邓小平1980年12月25日在中共中央工作会议上指出，"群众是我们力量的源泉，群众路线和群众观点是我们的传家宝。"习近平同志2012年11月15日在十八届中央政治局常委同中外记者见面时，强调在深刻总结党领导人民建设中国特色社会主义事业的经验教训时指出，人民是历史的创造者，群众是真正的英雄。

站稳人民立场，体现了党对人民创造历史的地位和作用的深刻认识、对人类社会发展规律的科学把握、对保持党的先进性纯洁性的坚定追求，是马克思主义政党区别于其他政

---

① 习近平：《在庆祝中国共产党成立95周年大会上的讲话（单行本）》，人民出版社2016年版，第18页。

党的显著标志。毛泽东同志强调："为什么人的问题，是一个根本的问题，原则的问题。"① "群众观点是共产党员革命的出发点与归宿。从群众中来，到群众中去，想问题从群众出发就好办。"②

我们党的根基在人民、力量在人民。人民群众的拥护和支持，是党执政最牢固的政治基础和最深厚的力量源泉。党的十九大报告强调，人民"是决定党和国家前途命运的根本力量"，并将坚持以人民为中心确立为新时代中国特色社会主义的基本方略。

中国共产党近百年的发展历史，也是党团结带领人民奋斗创造的历史。近百年来，党之所以能取得革命、建设、改革的一个又一个胜利，根本原因就是党充分发动群众、依靠群众。新时代，党面临的风险挑战前所未有，人民对美好生活的向往前所未有。各级领导干部要始终坚持以人民为中心的发展思想，坚持人民的主体地位，把人民对美好生活的向往作为奋斗目标，依靠人民创造历史伟业。

人心向背事关党的事业兴衰成败和党的生死存亡。历史和现实都表明，一个政权也好，一个政党也好，其前途与命运最终取决于人心向背。

赢得民心必须把人民放在心中最高位置。民唯邦本，本固邦宁。中国共产党不断加强自身的先进性纯洁性建设，除了工人阶级和最广大人民群众的利益，没有自己特殊的利益。

---

① 《毛泽东选集》（第三卷），人民出版社1991年版，第857页。
② 《毛泽东文集》（第三卷），人民出版社1996年版，第71页。

习近平同志在第十三届全国人民代表大会第一次会议上强调，"一切国家机关工作人员，无论身居多高的职位，都必须牢记我们的共和国是中华人民共和国，始终要把人民放在心中最高的位置，始终全心全意为人民服务，始终为人民利益和幸福而努力工作。"①

党在任何时候都要同群众同甘共苦，保持最密切的联系，真正做到权为民所用、情为民所系、利为民所谋，决不允许任何党员脱离群众，凌驾于群众之上。权为民所用，即领导干部要坚持正确的权力观。习近平同志2010年9月1日在中央党校秋季开学典礼上指出，马克思主义的权力观，概括起来就是权为民所赋，权为民所用。领导干部是人民的公仆，必须始终牢记宗旨，牢记责任、自觉把权力行使的过程作为为人民服务的过程，自觉接受人民监督，做到为民用权、公正用权、依法用权、廉洁用权。情为民所系，即领导干部要有群众感情，把群众放在心上。党的十九大报告强调，为什么人的问题，始终是检验一个政党、一个政权性质的试金石。全党尤其是领导干部要牢记党的根本宗旨，从思想和感情深处真正把人民群众当主人、当先生，把自己看作人民群众的公仆和学生，向人民学习，为人民服务。利为民所谋，即树立正确的利益观。坚持人民的利益高于一切。全心全意为人民服务，一刻也不脱离人民群众，一切从人民的利益出发，一心为人民谋利益。习近平同志在《求是》杂志2013年第1

---

① 习近平：《在第十三届全国人民代表大会第一次会议上的讲话》，新华网，2018年3月20日。

期发表的《全面贯彻落实党的十八大精神要突出抓好六个方面工作》文章中指出，检验我们一切工作的成效，最终都要看人民是否真正得到了实惠，人民生活是否真正得到了改善，这是坚持立党为公、执政为民的本质要求，是党和人民事业不断发展的重要保证。只有我们把群众放在心上，群众才会把我们放在心上；只有我们把群众当亲人，群众才会把我们当亲人。新时代，各级领导干部要坚持以人民为中心的发展思想，树立正确的权力观，保持密切的党群关系，实现好、维护好、发展好最广大人民的根本利益，更好地满足人民对美好生活的向往和需求。

赢得群众必须坚持全心全意为人民服务的宗旨。全心全意为人民服务是我们党的根本宗旨。习近平同志强调，党在任何时候都不能丢掉"全心全意为人民服务"这个共产党人的本。他说，"我们共产党人的最高利益和核心价值是全心全意为人民服务、诚心诚意为人民谋利益"[1]，"党的一切工作，必须以最广大人民根本利益为最高标准。检验我们一切工作的成效，最终都要看人民是否真正得到了实惠，人民生活是否真正得到了改善，人民权益是否真正得到了保障"[2]。站在新的历史起点上，决胜全面建成小康社会，实现中华民族伟大复兴中国梦，领导干部要强化民本意识，站稳群众立场，

---

[1] 习近平：《扎实做好保持党的纯洁性各项工作》，《求是》2012年第6期。

[2] 《纪念毛泽东同志诞辰一百二十周年座谈会上的讲话》，《十八大以来重要文献选编》（上册），中央文献出版社2014年版，第697—698页。

想问题、做决策、办事情要从群众立场出发，正确处理改革发展稳定的关系，推动经济的持续快速发展，更好地满足人民群众对物质、经济、政治、文化、社会、生态等领域的需求，更加积极主动地实现好、维护好和发展好人民群众的根本利益，要把群众高兴不高兴、满意不满意、答应不答应作为党的一切工作的衡量标准。

赢得群众必须坚定不移走群众路线。群众路线，即一切为了群众，一切依靠群众，从群众中来，到群众中去，把党的正确主张变为群众的自觉行动，是我们党战胜一切困难的制胜法宝，走群众路线是新时代共产党人必备的看家本领之一。新时代，我国正处于发展的关键期、改革的攻坚期、社会矛盾的凸显期，群众工作的对象、内容、领域和环境都发生了很大变化。做好群众工作面临着前所未有的压力和挑战，但"只要我们密切联系群众，深入地做工作，把道理向群众讲清楚，就能得到群众的同情和谅解，再大的困难也是能够克服的"①。各级领导干部要牢牢树立群众观点，将群众路线贯彻到治国理政的全部活动之中，"时刻把群众安危冷暖放在心上，及时准确了解群众所思、所盼、所忧、所急，把群众工作做实、做深、做细、做透"②。

在新时代，坚持党的群众路线，要深化政府机构改革，转变政府职能，转换政府角色，由"管理者"变为"服务

---

① 《邓小平文选》（第二卷），人民出版社1994年版，第229页。
② 习近平：《全面贯彻落实党的十八大精神要突出抓好六个方面工作》，《求是》2013年第1期。

者",解决好联系群众的"最后一公里"问题,做好人民的"勤务员";要切实维护广大人民群众的合法权益,扩大人民有序政治参与,保证人民依法实行民主选举、民主协商、民主决策、民主管理、民主监督,充分保障人民的监督权、参与权、知情权和表达权的实现,更好地推动法治国家、法治政府、法治社会的建设。

有群众观念,走群众路线,全党必须坚决反对形式主义、官僚主义、享乐主义和奢靡之风,领导干部特别是高级干部要以身作则。反对形式主义,重在解决作风飘浮、工作不实,文山会海、表面文章,贪图虚名、弄虚作假等问题。反对官僚主义,重在解决脱离实际、脱离群众,消极应付、推诿扯皮,作风霸道、迷恋特权等问题。反对享乐主义,重在解决追名逐利、贪图享受,讲究排场、玩物丧志等问题。反对奢靡之风,重在解决铺张浪费、挥霍无度,骄奢淫逸、腐化堕落等问题。坚持抓常、抓细、抓长,特别是要防范和查处各种隐性、变异的"四风"问题,把落实中央八项规定精神常态化、长效化,强化党的宗旨意识,重塑党在群众中的光辉形象。

二、组织、宣传、引导、服务、教育群众,做好新时代群众信访工作

决胜全面建成小康社会,实现"两个一百年"奋斗目标,必须组织、宣传、引导、服务、教育群众,充分发挥广大人

民群众建设中国特色社会主义的积极性、主动性、创造性。

领导干部要善于组织群众。群众个人的力量和作用是分散的、有限的，只有将群众组织起来，才能广泛凝聚群众的智慧和力量，最大限度地放大群众力量、发挥群众作用。新时代各级领导干部要深刻把握人民群众这个力量之源，提高群众组织力，发展中国特色社会主义事业。

领导干部要善于宣传群众。宣传群众就是要和人民群众讲道理、讲政策、讲法律，让群众了解、理解、拥护、支持党的主张。要设身处地从人民群众的切身利益和生活体验出发来宣传。既要善于讲大道理，又要善于讲小道理；既要善于讲接地气的"土话"，又要善于讲接天线的"官话"，让老百姓对党的路线方针政策和决策部署听得懂，明白党的路线方针政策和决策部署与自己有关，对自己有利，从而对党在情感上接受，在行动上紧跟。

领导干部要善于引导群众。各级领导干部要正确引导群众，既要满足群众正当的合法的物质和精神需求，以利益激励群众；又要注重发挥党的示范引领作用，通过党员干部的表率作用，引领广大群众遵纪守法、奋发向上。同时，还要注重发挥榜样的示范引领作用，将抽象的说服教育变成形象具体的感召，引起群众的情感共鸣，使群众听党话、跟党走，紧密团结在以习近平同志为核心的党中央周围，用自己的双手创造幸福美好生活。

领导干部要满腔热情服务群众。服务群众是根本，是党一切工作的出发点和落脚点。在新时代，各级领导干部要始终坚持以人民为中心的发展思想，从群众最关心的问题入手，抓住群众的痛点，把群众疾苦放在心头，把改革发展责任扛在肩上，推动发展成果更多更公平惠及全体人民，更好地满足人民日益增长的美好生活需要。

领导干部要善于教育群众。群众维护自身合法权利和利益与无限索取倾向并存。2014年1月8日，习近平同志在中央政法工作会议上指出：要做好新形势下的群众工作，对群众的诉求合理的解决到位、诉求无理的思想教育到位、生活困难的帮扶救助到位、行为违法的依法处理。领导干部对群众不合理甚至不合法的诉求不能一味迁就，要教育群众懂理、守法、感恩。

群众总是更加注重个人利益与眼前利益，不可能自发地把个人利益与整体利益、局部利益与全局利益、眼前利益与长远利益结合起来。承担着中华民族伟大复兴历史使命的中国共产党，要凝聚起中华民族磅礴力量共同奋斗，就必须承担起教育群众的责任，既维护群众的个人利益与眼前利益，又教育群众向前看、顾全大局。邓小平指出，教育的失误是最大的失误。这包括对群众的教育。当少数群众希望不劳而获、无限索取时，领导干部要耐心教育，晓之以理，激励其用自己的双手创造幸福美好生活。对违法缠闹甚至搞黑社会性质的组织谋取非法利益的要依法打击。

领导干部要做好新时代的信访工作。信访是指公民、法人或者其他组织采用书信、电子邮件、传真、电话、走访等形式，向各级人民政府、县级以上人民政府工作部门反映情况，提出建议、意见或者投诉请求，依法由有关行政机关处理的活动。采用书信、电子邮件、传真、电话、走访等形式，反映情况，提出建议、意见或者投诉请求的公民、法人或者其他组织，称信访人。信访工作是新时代群众工作的重要内容。在民主政治的时代，在建设社会主义法治国家的过程中，党委、政府及其领导干部要支持群众当家作主，对党和国家权力机关的工作提出意见和建议，这是社会主义国家性质的必然要求。要支持群众维护个人合法权利与利益，满足群众美好生活的多样化需求。在发展社会主义市场经济的过程中，人们的利益分化客观存在，不同人群利益诉求各不相同。我们党的政策和国家法律都谋求人民利益的最大公约数。某个个体或某个利益群体的群众相对于国家政权及其工作人员而言，在信息掌控、资源配置等方面往往处于劣势、弱势，公权力机构在统筹、平衡各方利益时，由于主客观各种因素的作用，某个个体或群体的合法权利和利益难免被忽视或损害。当信访人通过信访正当维权时，党委、政府及其工作人员尤其是领导干部要依法依规按照法定程序予以支持、指导、帮助。这也是社会主义国家性质的必然要求。

在现代社会，保护少数就是保护自己。保护少数人合法权利和利益是政府善治的体现，是现代政治文明的体现。不能简单粗暴地以"少数服从多数""小局服从大局"来阻止或压制信访人的正当维权。不能把群众维权看成是制造麻烦、破坏稳定。对信访人在信访中反映的一时难以解决的历史遗留问题、改革过程中发生的民生欠账问题、某个领域中因政策偏差导致的问题等，要耐心解释，积极协调，合理化解。

《关于新形势下党内政治生活的若干准则》明确要求，党的各级组织、全体党员特别是领导干部必须提高做群众工作能力，既服务群众又带领群众坚定不移贯彻落实党的理论和路线方针政策，把党的主张变为群众的自觉行动，引领群众听党话、跟党走。要坚决反对命令主义，坚决反对"尾巴主义"，不允许为了个人政绩、选票和形象脱离实际随意决策、随便许愿。

三、创新群众工作的方式方法，完善群众工作的体制机制

中国共产党人在自己的领导实践中，总是把正确地提出任务同正确地解决完成任务的方法，作为实现党的领导的整体来对待，总是认为，只有工作方式方法科学，才能有效地动员与组织群众，把党的主张变成人民群众的生动实践，并在群众的实践中检验和丰富党的主张。早在 1933 年 8 月 2 日，毛泽东在中央革命根据地南部十七县经济建设大会上的报告中指出，领导方式不对，不能采取各种正确的有效的工作方法，那就会立刻影响到工作的成效，使我们各项工作得不到广大群众的拥护。1934 年，毛泽东把领导方法作为实现党的领导的一个重要问题提了出来。他说，我们不但要提出任务，而且要解决完成任务的方法问题。他把完成党的任务比作是过河，那么领导方法就是过河的船或桥，没有船或桥，要过河是一句空话，不解决方法问题，要完成任务是瞎说一顿。一切工作，如果仅仅提出任务而不注意实行时候的工作方法，不反对官僚主义的工作方法而采取实际的具体的方法，不抛

弃命令主义的工作方法而采取耐心说服的工作方法，那么，什么任务也是不能实现的。

创新做群众工作的方式方法，将群众工作做到细处、落到实处。习近平同志指出："领导干部要得到群众的信任，决不是靠权力，而是要靠工作能力、工作业绩和人格魅力，靠做群众工作的方法和本领。"① 中国特色社会主义进入新时代，党的群众工作比过去具有更好的条件、更高的技术手段；但要解决的问题更为复杂、难度更大，要提供的服务标准更高，仅靠原有的经验是难以满足新时代党的群众工作要求的。要避免出现"旧办法不管用、新办法不会用"的情况，切实解决各级领导干部在群众工作中出现的"本领不足、本领恐慌"问题，就要把握时代特征、遵循时代规律、顺应时代潮流，不断创新群众工作的体制机制和方式方法。

深入调查研究，做好群众工作。调查研究是我党的优良传统和做好工作的传家宝，同时也是共产党人密切联系群众的重要途径。毛泽东同志指出："没有调查就没有发言权。"面对新时代党和国家事业发展征程中面临的新情况、新问题、新挑战，2005年9月5日，习近平同志在任中共浙江省委书记时就非常重视调查研究工作，他强调："调查研究是谋事之基、成事之道。没有调查，就没有发言权，更没有决策权。"新时代，群众工作的内容、领域和环境都发生了很大的变化，人民美好生活需要日益广泛，不仅对物质文化生活提出了更

---

① 习近平：《有的领导干部很会做"领导工作"》，《人民日报》2005年9月5日。

高要求，而且在民主、法治、公平、正义、安全、环境等方面的要求日益增长，要做好新时代党的群众工作，不断满足人民美好生活的向往和需求，不断增强人民的获得感、幸福感、安全感，就必须开展深入实际、深入基层、深入群众的调查研究工作，听真话、摸实情、出实招，将纠纷协调在萌芽状态，将矛盾化解在初始阶段，把党和政府的温暖送到群众心坎上。各级领导干部要坚持重心向下、眼睛向下、脚步向下，拿出更多的时间和精力到基层去、到一线去、到条件较差和情况复杂的地方去，面对面、心贴心、实打实做好群众工作。要善于与工人、农民、知识分子和社会各界人士打交道、交朋友，真诚倾听群众呼声，真实反映群众愿望，切实关心群众疾苦，雪中送炭，纾难解困，扎扎实实解决好群众最关心最直接最现实的利益问题、最困难最忧虑最急迫的实际问题。要坚持问题导向，带着问题去调研，切实把事情的真相和全貌调查清楚，把问题的本质和规律把握准确，把解决问题的思路和对策研究透彻，使改革的思路、决策、措施都能更好满足群众诉求，做到改革为了群众、改革依靠群众、改革成果由全体人民共享。

善于运用法治思维和法治方式做好群众工作。领导干部要带头营造办事依法、遇事找法、解决问题用法、化解矛盾靠法的法治环境。各级领导干部不仅要带头遵法学法守法用法，更要在全社会弘扬法治精神，加强法治教育，增强全民法治观念，引导群众采用合规、合法的方式表达利益诉求。各级各层、各行各业、各个群体都依法办事、照章办事，有利于稳定全民对工作生活的预期，有利于从根本上减少各种矛盾纠纷，使人民群众的获得感、幸福感、安全感不断提升。

善于借助互联网、大数据等信息化手段，走好"网上群众路线"。中国已经进入互联网普及的信息化时代。根据《第42次中国互联网络发展状况统计报告》，截至2018年6月，我国网民规模为8.02亿，上半年新增网民2968万人，互联网普及率达57.7%。[①] 随着我国互联网特别是移动网络的迅速发展，互联网渗透经济社会发展的各个方面，深刻影响人们的生产生活方式。我们也进入了一个"人人都有麦克风"的时代。网络不仅成为群众发出自己声音的阵地，也是民众与党和政府进行有效沟通的重要渠道。习近平同志指出："网民来自老百姓，老百姓上了网，民意也就上了网。群众在哪儿，我们的领导干部就要到哪儿去，不然怎么联系群众呢？"[②]

走好新时代"网络群众路线"，各级领导干部必须学网、懂网、用网。习近平同志指出："现在，各级领导干部特别是高级干部，如果不懂互联网、不善于运用互联网，就无法有效开展工作。"[③]

我们已经进入了互联网时代，各级领导干部要贯彻以人民为中心的发展思想，经常在网上"看一看""听一听""说一说"，在网下"做一做"，把线上与线下相结合，把网上听发声与网下解民忧相结合，既要解决人民群众反映强烈的现

[①]《第42次中国互联网络发展状况统计报告》，中国网信网，2018年8月20日。

[②]《习近平谈治国理政》（第二卷），外文出版社2017年版，第336页。

[③] 习近平：《加快推进网络信息技术自主创新，朝着建设网络强国目标不懈努力》，新华网，2016年10月9日。

实问题，也要了解群众所思所愿，收集好想法好建议，充分凝聚群众力量，为党和人民的共同事业努力奋斗。

走好新时代"网络群众路线"，各级领导干部必须管网、治网。网络不是"法外之地"，网络安全同样威胁国家安全和国家发展。习近平同志指出："没有网络安全就没有国家安全，没有信息化就没有现代化。"① 随着我国互联网的迅速发展，网络日益成为意识形态争夺的主阵地，各种意识形态交流、交融、交锋日趋激烈。各级党员领导干部在倾听、尊重网络民意的同时，还必须牢牢把握网络意识形态的主动权、话语权，旗帜鲜明同网络中各类散播谣言、恶意抹黑党和国家的行为斗争到底，努力建成一个良好的网络舆论生态环境，发挥网络引导舆论、反映民意的作用，让互联网更好地造福国家和人民。

完善群众工作的体制机制。这样才能更好地联系群众、凝聚群众、服务群众，实现群众工作的规范化、程序化、长效化。2005年9月1日，时任浙江省委书记的习近平同志回答记者访问时强调："加强和改进新形势下的群众工作，除了从方法、渠道的层面提高工作水平外，还有一个重要的方面，就是要提供体制和机制的保证。"新时代，人民群众的需求日趋多元化、多样化，群众工作更加复杂、标准更高，只有加强群众工作的制度化建设，从制度上对群众工作进行约束、规范，才能提高群众工作的有效性。

要齐抓共管做好群众工作。群众工作是一件复杂的、系

---

① 《习近平谈治国理政》（第一卷），外文出版社2018年版，第198页。

统性的工作，需要各方面共同努力。即各级党委、人大、政府、政协和工会、共青团、妇联等人民团体都要高度重视和主动开展群众工作，同时要支持统一战线各界人士、城乡基层自治组织、企事业单位、社会团体、行业组织、社会中介组织等共同做群众工作，形成工作合力，不断开创群众工作新局面。这需要我们党具有战略思维，从全局出发，整合各方资源，形成合力，打好协同战、攻坚战，构建纵向到底、横向到边的工作网络，形成党委政府重视支持、社会各界关心关注、全社会齐心协力共同做好群众工作的生动局面。具体来说，各级党委要把群众工作作为一项重要的工作来抓，把群众工作列入重要的议事日程，定期研究和部署群众工作，研究制订相应的群众工作措施，建立群众工作的规章和制度。人大、政府、政协要树立群众意识，结合各自的工作领域，拓展、创新联系群众的渠道和方式方法，开展广泛的群众工作，密切联系群众。工青妇等群团组织要按照党委的要求，充分利用群众团体的优势，在各自联系的群众中开展社会活动，加大党在群众中的影响力。全社会要高度重视非公有制经济组织和各种社会组织等领域的群众工作，尊重群众的历史贡献及群众的主体地位，充分利用社会资源、社会手段、社会力量开展工作，鼓励和支持各种非营利组织、企事业单位、社会组织和人民群众多形式多渠道参与社会治理，打造全民参与的共建共治共享的社会治理格局。

四、充分发挥群团组织联系群众的桥梁纽带作用

党的群团工作是党治国理政的一项经常性、基础性工作，是党组织动员广大人民群众为完成党的中心任务而奋斗的重要法宝。1919年7月14日，毛泽东同志在《湘江评论》创刊宣言中指出："世界上什么力量最强？民众联合的力量最强。"全面建成小康社会、实现"两个一百年"奋斗目标、实现中华民族伟大复兴的中国梦，是全体人民群众的共同事业，反映了包括中国工人、青年、妇女在内的全体人民的共同意愿，需要包括工人、青年、妇女在内的全体人民共同奋斗、共同创造、共同奉献。由于我国发展的国内外环境正在发生深刻变化，党面临的挑战和考验前所未有，实现党的十九大绘制的宏伟蓝图需要工会、共青团、妇联等群团组织充分发挥联系群众的纽带作用，组织动员群众、教育引导群众、联系服务群众、维护群众合法权益，把广大人民群众更加紧密地团结在以习近平同志为核心的党中央周围，凝聚起实现"两个一百年"奋斗目标、实现中华民族伟大复兴中国梦的磅礴力量。

工会、共青团、妇联等群团组织是党联系群众的桥梁纽带。2015年7月，中共中央印发了《中共中央关于加强和改进党的群团工作的意见》，阐明了群团组织在团结动员群众、组织引导群众、服务群众和维护群众合法权益等方面的独特优势和作用，明确指出工会、共青团、妇联等群团组织是党

联系群众的桥梁纽带。在新时代，工会是在党领导下的工人阶级的群众组织，共青团是在党领导下的先进青年的群众组织，妇联是在党领导下的妇女群众组织。工会等群团组织就是把先锋队和先进阶级群众、把它和劳动群众连结起来的"传动装置"。工会、共青团、妇联等群团组织联系的广大人民群众是全面建成小康社会、坚持和发展中国特色社会主义的基本力量，是全面深化改革、全面推进依法治国、巩固党的执政地位、维护国家长治久安的基本依靠。

工会作为党和政府联系职工群众的纽带，把推动科学发展、实现稳中求进作为发挥作用的主战场，把做好新形势下职工群众工作、调动职工群众积极性和创造性作为中心任务，竭诚为职工群众服务，切实维护职工群众权益，将职工群众紧紧地团结在党的周围。

共青团作为党和政府联系青年的桥梁和纽带，在广大青少年中深入开展了"我的中国梦"主题教育实践活动，为每个青少年播种梦想、点燃梦想，让更多青少年敢于有梦、勇于追梦、勤于圆梦，让每个青少年都为实现中国梦增添强大的青春能量。

妇联作为党和政府联系妇女半边天的桥梁和纽带，把中国发展进步的历程同促进男女平等发展的历程更加紧密地融合在一起，使我国妇女事业发展具有更丰富的时代内涵，使我国亿万妇女肩负起更重要的责任担当，将我国妇女群众紧紧地团结在党的周围。

2015年7月，习近平同志在中央党的群团工作会议上指出：在革命、建设、改革各个历史时期，在党的领导下，工会、共青团、妇联等群团组织积极发挥作用，组织动员广大人民群众坚定不移跟党走，为党和人民事业发展作出了重大贡献。新形势下，党的群团工作只能加强、不能削弱，只能改进提高、不能停滞不前。

发挥工会、共青团、妇联等群团组织党联系群众的桥梁和纽带作用，要增强其政治性、先进性、群众性。

政治性是群团组织的灵魂，是群团组织同一般社会组织的根本区别，也是衡量群团组织工作做得好不好的政治标准。保持和增强党的群团工作的政治性，关键是群团组织要自觉坚持中国共产党的领导和中国特色社会主义群团发展道路。坚持党的领导，就是群团组织要始终把自己置于党的领导之下，在思想上政治上行动上始终同党中央保持高度一致，自觉维护党中央权威和集中统一领导，坚决贯彻党的意志和主张，将为党分忧、服务群众、维护群众合法权益作为工作重心，严守政治纪律和政治规矩，经得住各种风浪考验，在大是大非问题面前立场坚定、旗帜鲜明，在关键时刻敢于冲锋陷阵、发声亮剑。坚持中国特色社会主义群团发展道路，就是要做到"六个坚持"（坚持党对群团工作的统一领导，坚持发挥桥梁和纽带作用，坚持围绕中心、服务大局，坚持服务群众的工作生命线，坚持与时俱进、改革创新，坚持依法依章程独立自主开展工作），实现自觉接受党的领导、团结服务所联系的群众、依法依章程开展工作相统一。发挥其在社会管理和组织、服务群众方面的独特优势，做好凝心聚力的工作。

先进性是马克思主义政党的本质属性。工会、共青团、妇联等群团组织是在党直接领导下的群众组织，其天然具有超越一般社会组织的先进性。保持和增强群团组织的先进性，必须牢牢把握为实现中华民族伟大复兴中国梦而奋斗的时代主题，紧紧围绕党和国家工作大局，组织动员广大人民群众走在时代前列，在改革发展稳定第一线建功立业。要以先进引领后进，以文明进步代替蒙昧落后，以真善美抑制假恶丑，教育引导所联系的群众不断提高思想觉悟和道德水平，坚定走中国特色社会主义道路，自觉践行社会主义核心价值观，真正成为党执政的坚实依靠力量、强大支持力量、深厚社会基础；必须始终站在党和人民的立场上，坚持为党分忧、为民谋利，把思想政治工作贯穿所开展的各种活动，多做组织群众、宣传群众、教育群众、引导群众的工作，多做统一思想、凝聚人心、化解矛盾、增进感情、激发动力的工作。

群众性是群团组织的根本特点。离开了群众性，群团组织就容易走向官僚化、空壳化。保持和增强群团组织的群众性，要树立以群众为本的理念，让群众当主角，坚持从群众中来、到群众中去，建好群众之家、当好群众之友，带头贯彻党的群众路线，倾听群众呼声、反映群众意愿，维护和发展群众利益，把党的决策部署变成群众的自觉行动，引领群众坚定不移听党话、跟党走。

发挥工会、共青团、妇联等群团组织党联系群众的桥梁和纽带作用，要建立健全基层组织。群团组织既要巩固已有的组织基础，坚持眼睛向下、面向基层，把力量配备、服务资源向基层倾斜，更好适应基层和群众需要，增强群团基层组织的影响力和感召力，又要加快新领域新阶层群团组织建设,扩大群团组织的覆盖面,做到哪里有群众、哪里就有群团组织。

发挥工会、共青团、妇联等群团组织党联系群众的桥梁和纽带作用,要探索新时代群团组织工作的有效方式方法。新时代,决胜全面建成小康社会和实现"两个一百年"的奋斗目标任重而道远,必须依靠人民的拥护和支持,必须加强和改进党的群团工作,充分发挥群团组织作用,调动人民群众的积极性、主动性、创造性。因此,群团组织要深入推进自身的组织改革,探索新时代群团组织工作的有效方式方法,更好促进广大人民群众自我教育和自我管理,形成群众工作的合力,让广大群众听党话、跟党走,同心共筑中国梦。

探索新时代群团组织工作的有效方式方法,要坚持以人民为中心的工作导向,坚持围绕中心、服务大局,找准工作的切入点、结合点、着力点。

第一,工会要扩大工作的覆盖面、创新工作的方式方法。现在农民工已经成为产业工人的重要组成部分,而且数量庞大。因此,工会就要加大做农民工工作的力度,最大限度把农民工吸收到工会组织中来,使他们成为工人阶级坚定可靠的新生力量。

第二,共青团要以改革创新精神,不断提高团建科学化水平。以"青年在哪里,团组织就要建在哪里;青年有什么需求,团组织就要开展有针对性的工作"为基本遵循,着力扩大共青团工作有效覆盖面,要采取青年喜闻乐见、易于接受的形式,用科学的理论武装青年,用历史的眼光启示青年,用伟大的目标感召青年,用光明的未来激励青年,使他们不断增强中国特色社会主义道路自信、理论自信、制度自信、文化自信，不断增进对党的信心、信赖，努力使团组织成为联系和服务青年的坚强堡垒。

第三，妇联要通过立体化、多层面的组织体系，最广泛地把广大妇女团结起来。让广大妇女在身边就能找到妇联组织、得到及时帮助，随时随地、实实在在感受到妇联组织的存在和关心，增强广大妇女对妇联的信任感和归属感，主动向妇联组织靠拢。

第四，群团组织要根据时代的发展，不断拓宽工作渠道、创新工作手段。现在，群众很多都是自由就业、灵活就业，经常处在流动之中。群团组织联系群众既要在走家串户、蹲点调研中建立面对面的联系，也要借助互联网等现代信息手段开展工作，牢牢把握网络舆论阵地的话语权，旗帜鲜明地亮出群团组织的旗帜，及时主动地发出党的声音，对模糊认识进行引导，对错误言论进行驳斥，让群众能在网上找到自己的组织、参加组织的活动，心明眼亮，方向对、行动快、效果好。

中国特色社会主义进入新时代，全面建成小康社会进入决胜阶段，全面深化改革进入攻坚期和深水区，全面依法治国和全面从严治党纵深推进，要有效应对重大挑战、抵御重大风险、克服重大阻力、解决重大矛盾，实现"两个一百年"奋斗目标，就必须抓好党的群团工作，保证党始终同广大人民群众同呼吸、共命运、心连心，最大限度把人民群众团结在党的周围，夯实党执政治国的群众基础，凝聚起实现"两个一百年"奋斗目标、实现中华民族伟大复兴中国梦的磅礴力量。

党的群众工作的成败得失要由人民群众来检验、来评判。习近平同志指出,时代是出卷人,我们是答卷人,人民是阅卷人。工作效果以什么标准、由谁来衡量,实质上是一个对谁负责、让谁满意的问题。党始终坚持群众标准,由群众来衡量。群众拥护什么就鼓励什么,群众期盼什么就做好什么,群众反对什么就纠正什么,让群众真满意而不是"被满意",使党和人民事业始终体现群众意愿,经得起实践、人民和历史的检验。

第七讲 增强狠抓落实本领

实干是共产党人的政治品质。党的事业只有实干才能不断推进。要以完善的制度确保领导干部说实话、谋实事、出实招、求实效；坚持雷厉风行和久久为功相结合；坚持求真务实与真抓实干相统一；遇到困难不退缩，敢于迎难而上，攻坚克难；强化督查，形成抓落实的常态，避免表态多调门高、行动少落实差。力戒形式主义、官僚主义，强化考核结果分析运用，将其作为干部选拔任用、评先奖优、问责追责的重要依据，使政治坚定、奋发有为的干部得到褒奖和鼓励，使慢作为、不作为、乱作为的干部受到警醒和惩戒。

实现美好蓝图不仅需要动力和定力，还需要干劲和韧劲。一分部署，九分落实。没有落实，再伟大的梦想也不能成现实。党的十九大报告强调，增强狠抓落实本领，坚持说实话、谋实事、出实招、求实效，把雷厉风行和久久为功有机结合起来，勇于攻坚克难，以钉钉子精神做实做细做好各项工作。

一、实干兴邦

实干，既是中国共产党优良传统，也是对全党特别是领导干部提出的政治要求、能力要求。习近平同志在参观国家博物馆《复兴之路》时强调，空谈误国，实干兴邦。

实干是共产党人的政治品质。党的事业只有实干才能不断推进。实践的观点是马克思主义的根本观点。马克思说："哲学家们只是用不同的方式解释世界，而问题在于改变世界。"① 中国共产党在不同历史时期，为完成党肩负的任务，总是注重实干、狠抓落实。毛泽东同志指出，工作不仅要抓，而且要抓紧，"抓而不紧、等于不抓"。邓小平强调："世界上的事情是干出来的，不干，半点马克思主义都没有。"江泽民指出："要落实，落实，再落实，因为这是做好一切工作的关键环节。"② 胡锦涛强调："切实抓好工作落实，把求真务实体

---

① 《马克思恩格斯选集》（第一卷），人民出版社2012年版，第136页。
② 江泽民：《论党的建设》，中央文献出版社2001年版，第150页。

现到各项工作中去。"① 习近平同志担任总书记以来，高度重视抓落实，在多种场合多次强调抓落实的重要性和紧迫性。他说："要抓实、再抓实，不抓实，再好的蓝图只能是一纸空文，再近的目标只能是镜花水月。"②

中国特色社会主义进入新时代，中华民族迎来了从站起来、富起来到强起来的伟大飞跃，迎来了实现中华民族伟大复兴的光明前景，靠的就是一代又一代共产党人的顽强拼搏，靠的是求真务实、真抓实干。正是凭借这种一往无前的实干精神，中国共产党才带领全国各族人民攻克了一个又一个看似不可攻破的难关，创造了一个又一个彪炳史册的人间奇迹。

实干才能推进中国特色社会主义事业。中国特色社会主义进入新时代，我们比历史上任何时期都更接近、更有信心和能力实现中华民族伟大复兴的目标。但全党必须清楚地认识到，中华民族的伟大复兴绝不是一蹴而就的，绝不是轻轻松松、敲锣打鼓就能实现的；人民日益增长的美好生活需要和不平衡不充分的发展之间的矛盾已经成为社会主要矛盾；党面临的执政环境是复杂的，影响党的先进性、纯洁性的因素也是复杂的，党内存在的思想不纯、组织不纯、作风不纯等突出问题尚未得到根本解决，党面临的"四种考验""四种危险"仍然是长期的、尖锐的、严峻的。新时代党面临的新问题、新风险、新挑战对党员领导干部提出了新的要求。中

---

① 《胡锦涛文选》（第二卷），人民出版社2016年版，第158页。

② 中共中央宣传部：《习近平总书记系列重要讲话读本（2016年版）》，学习出版社、人民出版社2016年版，第293页。

国共产党要有效应对重大挑战、抵御重大风险、克服重大阻力、解决重大矛盾，承担起新时代党的历史使命，就必须坚定不移地推进全面从严治党向纵深发展，全面提高党的执政能力和领导水平。

基本理论、基本路线、基本方略确定之后，狠抓落实是至关重要的环节。党的十八大以来，我们党从理论与实践结合上系统回答了新时代坚持和发展什么样的中国特色社会主义，怎样坚持和发展中国特色社会主义这一时代课题，形成了习近平新时代中国特色社会主义思想，并写入党章，确立为我党必须长期坚持并不断发展的指导思想。党的基本理论、基本路线、基本方略全党必须长期坚持、毫不动摇。党的十九大报告强调："全党同志必须全面贯彻党的基本理论、基本路线、基本方略，更好引领党和人民事业发展。"新时代贯彻党的基本理论、基本路线、基本方略，关键在深化、在落实。事业是干出来的，只表态不表率、只挂帅不出征，再激动人心的目标、再美好的蓝图，也是镜中花、水中月。要切实解决表态多调门高、行动少落实差等突出问题，力戒形式主义、官僚主义。习近平同志强调，一分部署，九分落实。"道虽迩，不行不至；事虽小，不为不成。"口号喊得再响、部署做得再细，最终还得看行动和效果。

中华人民共和国成立近70年所发生的巨大变化、改革开放40年所取得的辉煌成就、党的十八大以来党和国家事业所发生的历史性变革和取得的历史性成就，无一不是靠真抓实干取得的。"一分部署"很重要，但只是万里长征的第一步，关键还是"九分落实"。难题，只有在苦干实干中才能破解；

机遇，只有在苦干实干中才能把握；蓝图，只有在苦干实干中才能变成现实。中国实现从站起来到富起来的伟大飞跃，靠的是苦干实干；要实现中国从富起来到强起来的伟大飞跃，也必须依靠苦干实干。历史只会眷顾坚定者、奋进者、搏击者，而不会等待犹豫者、懈怠者、畏难者。只有敢于拼搏、大干实干才能抓住历史机遇、赶上时代潮流。

全党特别是领导干部要把抓落实作为一项重要的工作和本领，要有真抓的实劲、敢抓的狠劲、善抓的巧劲、常抓的韧劲，抓铁有痕、踏石留印抓落实。确保党的路线方针政策及决策及中央决策部署落地生根、开花结果。

领导干部要把为人民服务体现到抓落实中。为什么人的问题，是检验一个政党一个政权性质的试金石。中国共产党自成立之日起就把为人民谋利益作为自己的使命，鲜明地写在旗帜上、坚定地融入实践中，团结带领人民进行了艰苦卓绝的斗争，谱写了气吞山河的壮丽史诗。2011年3月1日，习近平同志在中央党校春季学期开学典礼上强调，全心全意为人民服务是我们党的根本宗旨。各级领导干部要把以人为本、执政为民贯穿到各项工作的落实中去，切实做到权为民所用、情为民所系、利为民所谋。把握住这一点，就把握住了抓落实的根本。

在全面建成小康社会决胜阶段的关键时期，前进路上还有许多矛盾问题需要解决，还有许多风险挑战需要面对。这是最需要担当的时候，也是最考验担当的时候。党员领导干部要始终秉持以人民为中心的发展思想，把责任使命扛在肩上，把惠民举措落到实处，保持"咬定青山不放松"的精神，树立不达目的不罢休的勇气和决心,"一张蓝图干到底"。具体来说,就是要树立正确的政绩观,造福人民,把人民拥护不拥护、赞成不赞成、高兴不高兴、答应不答应作为衡量工作落实成效的根本标准;要着力解决人民群众反映最强烈的突出问题,坚持立党为公、执政为民,把人民群众利益放在心中最高的位置,想人民之所想、急人民之所急、解人民之所困,更好地满足人民美好生活多样化的需求。

在抓落实的过程中,要发扬"钉钉子精神",一锤接着一锤敲,锤锤敲在点上,一件接着一件办,件件落到实处,不搞劳民伤财的"形象工程"和"政绩工程",把人民群众的利益落到实处,努力创造得到人民认可、经得起历史检验的政绩。

二、以完善的制度确保落实

制度是保证一个政党或组织正常运转的必备条件。制度体系不健全,政党组织就难以长期存在和持续发展。邓小平指出:"制度问题更带有根本性、全局性、稳定性和长期性。……必须引起全党的高度重视。"① 以习近平同志为核心的党中央高度重视制度建设。习近平同志强调"党要管党、从严治党,

---

① 《邓小平文选》(第二卷),人民出版社1994年版,第333页。

必须有坚强的制度作保证"[①]，"从严治党靠教育，也靠制度，二者一柔一刚，要同向发力、同时发力"[②]。抓落实是领导工作的一个极为重要的环节，是坚持党的政治路线、思想路线、组织路线、群众路线的内在要求。抓落实，没有一套管理机制不行，不完善制度不行。领导干部要增强狠抓落实的本领，掌握"善抓""长抓"的"秘籍"，必须在完善体制机制上下功夫，加快健全与完善工作落实的制度体系，着力解决工作落实中不敢抓、不想抓、不会抓的问题。

第一，坚持和创新学习制度，用持续的学习适应抓落实的需要。学习是领导干部增强狠抓落实本领的根本途径。我党高度重视抓全党特别是领导干部的学习。2013年3月1日，习近平同志在中央党校建校80周年庆祝大会暨2013年春季学期开学典礼上指出，全党同志一定要善于学习、善于重新学习，要有本领不够的危机感，一刻不停地增强本领。党的十九大报告强调，要增强学习本领，在全党营造善于学习、勇于实践的浓厚氛围，建设马克思主义学习型政党。只有通过学习，才能使党员干部悟初心、守初心、践初心，在学习中增强狠抓落实的本领，更加自觉地为实现新时代党的历史使命不懈奋斗。完善的制度是学习常态化的根本保障。

坚持和创新学习制度，要学习理论，增强政治责任感和

[①] 中共中央宣传部：《习近平总书记系列重要讲话读本（2016年版）》，学习出版社、人民出版社2016年版，第116页。

[②] 《党的十八大以来重要文献选编》（中），中央文献出版社2016年版，第94页。

战略定力，提高落实的有效性。全党特别是领导干部要通过多种途径和形式认真学习党的十九大精神和习近平新时代中国特色社会主义思想，增强"四个意识"，坚定"四个自信"，自觉维护党中央权威和集中统一领导，熟练掌握贯穿其中的马克思主义世界观和方法论，坚决反对"四风"问题，增强党员领导干部干事创业的责任感、使命感、危机感，激发党员领导干部干事创业的积极性、主动性、创造性，不断提高领导干部狠抓落实的本领。

坚持和创新学习制度，要向人民学习，改进落实方式。人民群众是历史的创造者，是决定党和国家前途命运的重要力量，同时也是党的智慧源泉。我党许多行之有效的方式方法就是从人民群众的实践中总结出来的。增强狠抓落实的本领，必须扑下身子、放下架子、拜人民为师；善于从人民群众生产生活的方式方法中总结经验、总结规律，并使之上升为理论和政策，反过来再用升华的理论、政策指导实践，推动工作。只有依靠人民群众的智慧和力量，我们党才能不断战胜前进道路上的各种风险和挑战，实现好、维护好、发展好最广大人民的根本利益。

第二，完善和坚持党的干部选拔任用工作制度，让善于抓落实的干部有舞台。"为政之要，莫先于用人。"政治路线确定之后，干部就是决定因素。党的干部是党和国家事业的中坚力量，是执行党的路线方针政策和贯彻落实决策部署的骨干。要实现党的十九大确定的各项目标任务，关键是建立一支高素质专业化干部队伍；要把党的决策部署落到实处，关键靠一支勤政务实、忠诚干净担当的干部队伍。以习近平同志为核心的党中央非常重视干部选拔任用工作，不仅提出了新时期好干部标准，而且还推动了干部选拔任用工作的制度化、程序化、规范化。2013年，习近平同志在全国组织工作会议上特别强调：把好干部选用起来，需要科学有效的选人用人机制。2014年中共中央印发了新修订的《党政领导干部选拔任用工作条例》，特别强调"建立科学规范的党政领导干部选拔任用制度"。党的十九大报告也对新时代干部队伍建设提出了新要求。

加强新时代干部队伍建设，增强狠抓落实的本领，必须从严管理干部，完善和坚持科学规范的干部选拔任用制度。要坚持正确的选人用人导向、匡正选人用人风气，突出政治标准，突出信念过硬、政治过硬、责任过硬、能力过硬、作风过硬，拓宽选人渠道和视野，解决干部选任上的唯票、唯分、唯年龄、唯GDP的"四唯"问题，把党、国家、人民需要的好干部及时发现出来、合理使用起来，形成系统完备、科学规范、务实管用、简单易行的干部选拔任用制度。要推动党的干部的"优胜劣汰"，通过一系列激励、奖惩、问责等制度安排，推进干部能上能下，表彰善作为、惩戒乱作为、防治不作为、鞭策慢作为，保证能者上、庸者下、劣者汰，让狠抓落实的领导干部有机会、有平台，形成良好的选人用人导向和政治生态，增强干部干事创业、狠抓落实的干劲和心劲。

第三，建立有效的监督制度，让落实不力的干部有压力。监督是推动党中央的路线方针政策和决策部署贯彻落实的重要举措和关键环节，也是提高狠抓落实执行力的根本保证。

中国共产党成立初期就高度重视党内监督，不断通过完善民主集中制、深入开展批评与自我批评、完善党内法规制度体系等方式强化党内监督。党的十八大以来，以习近平同志为核心的党中央高度重视党内监督，出台了《中国共产党党内监督条例》，规范了新时代党内监督的内容、要求，明确了主体责任。党的十九大报告指出：健全党和国家监督体系。增强党自我净化能力，根本靠强化党的自我监督和群众监督。要加强对权力运行的制约和监督，让人民监督权力。要建立权力清单制度和责任清单制度，明确各单位各领导干部狠抓落实的主体责任，让领导干部习惯在党和群众的监督下工作，在党和群众监督下不断增强狠抓落实的本领。

强化督察职能，健全督察机制，进一步促进落实。在 2015 年 12 月 9 日中央全面深化改革领导小组第十九次会议的讲话上，习近平同志强调，要强化督察职能，健全督察机制，更好发挥督察在打通关节、疏通堵点、提高质量中的作用。对已经出台的改革方案要排队督察，重点督促检查方案落实、工作落实、责任落实的情况，发现问题要及时列出清单、明确责任、挂账整改。要加强对各级干部推进改革情况的了解，加大改革实绩考核权重，形成鼓励改革、支持改革正确用人导向。

所有行使公权力的公职人员实现监察全覆盖。2018 年 3 月 2 日《中华人民共和国监察法》的施行，实现对所有行使公权力的公职人员监察全覆盖，让所有行使公权力的公职人员习惯在有监督的环境下工作生活，把监督监察变成常态。党和政府工作部署到哪里，监督监察就要跟进到哪里，让各级领导干部始终有如履薄冰、如临深渊的警觉，始终想着抓落实的工作，不断探索抓落实的方法，把党组织的要求、岗位工作的要求和人民群众的要求，结合起来，落到实处。要不断拓宽监督渠道、丰富监督形式。健全包括党内监督与党外监督相结合的全方位监督体系，形成强大的监督合力，对领导干部狠抓落实形成外在压力，使领导干部真正"干在实处、走在前列"。

第四，建立激励机制和容错纠错机制，让抓落实的干部有组织撑腰。激励机制和容错纠错机制是增强各级领导干部抓落实本领的动力的关键举措，也是营造良好抓落实政治生态的重要抓手。党的十八大以来，以习近平同志为核心的党中央以巨大的政治勇气和强烈的责任担当，正风肃纪、反腐惩恶，推动全面从严治党向纵深发展，党内政治生活气象更新，党内政治生态明显好转。在全面从严治党的背景下，党的干部的纪律意识、规矩意识明显增强，但也出现了一些领导干部怕出错、怕担责、怕处分而不敢作为、不愿作为现象。鉴于此，党的十九大报告中特别强调，坚持严管和厚爱结合、激励和约束并重，建立激励机制和容错纠错机制。要把严格管理干部与关心爱护干部结合起来，既要严格按照党的原则、纪律、规矩管理干部，又要热情关心干部，对干部政治上激励、工作上支持、待遇上保障、心理上关怀，消除党员领导干部思想顾虑、思想包袱，让广大党员领导干部心情舒畅、精神饱满、奋发向上，努力营造"既鼓励创新、表扬先进，也允许试错、宽容失败"氛围与机制。党组织要做好党员干部狠抓落实的坚强后盾，要坚持"三个区分开来"的要求，划清敢作为、善作为与不作为、乱作为的界限，鼓励广大党员干部放心大胆闯、放开手脚干，对党员干部在"试"和"闯"的过程中出现的问题和失误要给予理解、包容，旗帜鲜明地为敢于担当的干部担当，为敢于负责的干部负责，为踏实做事、狠抓落实、不谋私利的干部撑腰鼓劲，充分调动干部队伍狠抓落实的冲劲、韧劲和闯劲。

第五，完善干部考核评价机制，让狠抓落实的干部得到正向激励。科学有效的干部考核评价机制是干部选拔、调整、激励、约束的重要手段，同时也是推动狠抓落实工作的最有力杠杆。党的十八大以来，以习近平同志为核心的党中央反复强调，要完善干部考核评价机制，切实解决干与不干、干多干少、干好干坏一个样的问题，激励广大党员干部干事创业。

完善干部考核评价机制，应坚持问题导向，围绕"考核什么""谁考核""如何考核""何时考核""结果怎么用"等问题，找准完善干部考核评价机制的着力点。其一，要科学设置推动科学发展的考核指标体系。坚持实施分类考核，根据不同地域、不同类别级别的干部特点和承担的工作职责，分类设置考核内容和指标，建立和完善各有侧重、各具特色的干部考核内容和指标体系，树立重敬业、重落实、重实绩的导向，突出工作落实的实绩考核，体现考核内容与指标的差异性，探索德才兼备的考核标准，用不同的尺子量不同的人，以差异化考核，推进考核评价的公平性，增强考核的科学性、针对性、可操作性，实现干部考核对象和考核内容的全覆盖。其二，要创新考核的方式方法。中国特色社会主义进入新时代，考评工作也面临一些新情况、新问题，需要探索新的务实管用的方式方法。坚持日常考核与年度考核相结合、定性考核与定量考核相结合、组织考核与群众评价相结合，充分借鉴巡视、审计、统计结果和部门专项考评结果，逐渐建立上下联动、横向协同的考核评价体系，全面客观地考核评价干部。其三，要强化考评结果的运用。将考评结果作为干部选拔任用、创先争优、问责追责的重要依据，使政治坚定、奋发有为的干部得到褒奖和鼓励，使慢作为、不作为、乱作为的干部受到警醒和惩戒。切实发挥考核的"指挥棒""风向标"作用。加强考评结果的反馈，及时向党组织和干部本人反馈考评结果，引导干部发扬成绩、改进不足，更好忠于职守、担当奉献。

第六，完善责任追究制度，让抓落实不力的干部得到教训和警示。责任追究能够倒逼领导干部的责任感，促使他们积极履行抓落实的职责，防止推诿扯皮、无人担责的"踢皮球"现象，保证党中央的决策部署落地生根。

完善责任追究制度，必须明确责任主体。2014年1月，习近平同志在十八届中央纪委三次全体会议上强调，要落实党委的主体责任和纪委的监督责任，强化责任追究。党的十九大党章，把纪委监督执纪问责的职责进一步明确和肯定下来。

在抓落实工作中，必须抓住一把手这个落实主体责任的"牛鼻子"，把权利与义务、责任与担当对应统一起来，形成党委抓、书记抓、各有关部门抓、一级抓一级、层层抓落实的工作落实责任制。2017年12月，习近平同志在中共中央政治局民主生活会上又强调指出，抓落实，一把手是关键。

对领导不力、不抓不管、敷衍塞责的党委和领导干部要严肃批评；对不明确责任、不落实责任、不追究责任的党委和领导干部，要强化执纪问责。完善责任追究制度，必须规范责任内容。

《中国共产党问责条例》明确规定了党委及领导干部问责的情形，规范了责任内容，为责任追究提供了法规依据。各级党委、所有党组，各级纪委和各纪检组都要明确自己的职责，狠抓自己职责范围内的监督问责，坚持精准原则，问责既要对事，也要对人，更要问到具体人头上。

完善责任追究制度，必须健全责任追究的运行程序。习近平同志多次强调，在执纪问责方面，党委、纪委和相关部门要守土有责、守土负责、守土尽责，坚持有责必问、问责必严。建立党委、纪委和各相关部门各负其责的清晰明确的责任体系，推进问责内容、对象、事项、主体、程序、方式的制度化、程序化，把监督检查、目标考核、责任追究有机结合起来，建立完整的责任追究机制，以踏石留印、抓铁有痕的劲头推动责任落实。

三、探索正确的思路、科学的方法

思路决定出路，思维水平决定工作水平。能不能正确理解党中央精神，能不能有效化解矛盾风险，能不能顺利推进工作落实，关键看有没有正确的思路、科学的方法。领导干部增强狠抓落实本领,要深刻把握贯穿其中的马克思主义科学思想方法和工作方法,既要把握工作规律,区分轻重缓急,构建层层负责、精诚合作、运转高效的工作机制,又要抓班子、带队伍,发挥"头雁效应",形成"头雁领飞、群雁齐飞"的壮丽景观,更要营造崇尚实干、甘于奉献的工作氛围。

第一,坚持说实话、谋实事、出实招、求实效。说实话就是要对党忠诚,敢讲真话、讲真理,坚持一是一、二是二,不欺上瞒下、不阳奉阴违、不搞"两面派"、做"两面人",实实在在地分析、解决工作中的问题,为工作落实营造良好的政治生态环境。谋实事就是要实事求是、求真务实,从实际出发谋划事业和部署工作,通过深入实际、深入基层、深入群众的调查研究工作,及时准确全面地了解把握真实情况,不好高骛远,不脱离实际,使点子、政策、方案符合实际情况、符合客观规律、符合科学精神。领导干部要坚持实事求是的原则,力戒形式主义和官僚主义,带头开展调查研究工作,要"身入"基层,更要"心入"基层,把握问题的本质和规律,作出科学决策,真正解决基层群众所想、所急、所盼的突出问题。出实招就是要根据实际情况决定工作方针,拿出切实可行的落实方法,不提不切实际的口号,不搞脱离实际、脱离群众、劳民伤财的"形象工程"和"政绩工程",切切实实地解决与人民群众利益攸关的现实问题。求实效就是要真抓实干、敢于担当,就是要雷厉风行,追求抓落实的质量和效果,做出实实在在的业绩,不好大喜功、不做表面文章、不搞花架子。领导干部要坚持目标导向、强化责任意识,不图虚名、不务虚功,以"等不起"的紧迫感、"慢不得"的危机感抓好落实工作。

通过说实话、谋实事、出实招、求实效,切实增强领导干部抓落实的本领,避免虚头巴脑,云遮雾罩,"拍脑袋""图好看""雷声大雨点小"等问题。

第二,坚持雷厉风行和久久为功相结合。事业是干出来的,幸福是奋斗出来的。实现党的十九大制定的宏伟目标,既要有雷厉风行的劲头,重视眼前的行动,又要有久久为功的韧劲,持之以恒。雷厉风行,体现的是言必行、行必果的作风,强调的是"马上就办"的态度。久久为功,体现的是甘于奉献的情怀和坚韧不拔的意志,强调的是"咬定青山不放松"的韧劲。坚持雷厉风行,要有敏锐的洞察力、"案无积卷、手无积事"的紧迫感和果敢的执行力,对党中央的决策部署,对组织的工作安排要立即执行、马上就办,不打折扣、不观望等待。立即执行并不是蛮干、瞎干,而是结合实际、符合规律的巧干、实干,有规定的、看准了的,马上就办,把落实工作抓稳、抓实、抓好。坚持久久为功,要有"百寒成冰、水滴石穿"的坚韧不拔和"功成不必在我"的博大胸怀,坚持"一张蓝图绘到底"。决策、任务一旦确定就要付诸行动、锲而不舍、常抓不懈,决不搞一阵风、雨过地皮湿,而是要一件接着一件办,件件落实到位,防止半途而废、虎头蛇尾。

雷厉风行与久久为功相互联系、相互作用,缺一不可。在新时代中国特色社会主义的伟大实践中要把二者结合起来,既要有"马上就办"的劲头、时不待我的紧迫感,又要有"功成不必在我"的博大胸怀、"咬定青山不放松"的坚持不懈，更要有"真抓的实劲、敢抓的狠劲、善抓的巧劲、常抓的韧劲"，保持稳中求进的战略定力，撸起袖子加油干，苦干实干拼命干，在改革路上不断取得新成绩、创造新辉煌。

第三，坚持求真务实与真抓实干相统一。求真务实是中国共产党思想路线的本质要求，是抓落实的态度；真抓实干是共产党人做好一切工作的根本途径，是抓落实的行动。2017年1月26日，习近平同志在春节团拜会上讲话时指出："做好党和国家各项工作，关键在求真务实、真抓实干。"要奋力走好新时代的长征路，把党的十九大绘就的美丽蓝图变成美好现实，必须把求真务实与真抓实干统一起来。这就要调查研究，实事求是。注重调查研究是我党的优良传统，也是新时代领导干部抓落实必备的基本功；实事求是是我党的思想路线，是我党的基本思想方法、工作方法和领导方法。抓落实，必须大兴调查研究之风，全面了解把握各种情况，为各项工作的落实提供科学依据。

把求真务实与真抓实干二者统一起来，要解放思想、更新观念。抓落实，必须要解放思想、更新观念，把思想从不合时宜的观念中解放出来。不解放思想，思想就会僵化，就会受到条条框框的束缚，不能与时俱进、接受新事物、应对新挑战、解决新问题。要坚持问题导向，提高辩证思维的能力，既要学会"弹钢琴"、统筹全局抓落实，又要牵住"牛鼻子"、突出重点抓落实，着力解决抓落实工作中出现的关键问题、棘手问题，在解决问题中抓落实、促发展。同时，还要同各种花样翻新的形式主义、官僚主义作斗争，转变工作作风，以求真务实的精神做好抓落实的工作。

第四，遇到困难不退缩，敢于迎难而上，攻坚克难。中国特色社会主义进入新时代，全面深化改革进入深水区和攻坚期，改革将进一步触及深层次的利益格局和制度体系的变革，改革的复杂性、敏感性、艰巨性更加突出。要坚持全面深化改革，有效应对重大挑战、抵御重大风险、克服重大阻力、解决重大矛盾，必须破釜沉舟、大刀阔斧。

狠抓落实、攻坚克难，要强化领导干部的责任担当，增强抓落实的思想自觉和行动自觉，恪尽职守、夙夜在公，勇挑重担、涉险滩、啃硬骨头，遇到困难不退缩，关键时刻能站出来、挺得住，以永不懈怠的精神状态和一往无前的奋斗姿态抓好落实工作，切实担负起新时代赋予的新使命，努力创造出无愧于党、无愧于人民、无愧于时代的新业绩。

狠抓落实、攻坚克难，领导干部要锤炼坚韧不拔、锲而不舍的意志品质。中国特色社会主义不是从天上掉下来的，也不是一蹴而就的，而是一代又一代共产党人接续苦干实干出来的。实现中华民族伟大复兴的中国梦，增强狠抓落实的本领，就是要立下愚公移山志，发扬钉钉子精神，以"千磨万击还坚劲，任尔东西南北风"的定力和"不达目的决不罢休"的勇气与决心，蹄疾步稳地抓好落实工作，在抓常、抓长、抓细、抓小上下苦功夫、下硬功夫，见微知著，积小胜为大胜、积跬步以至千里，推动改革发展大业，奋力走好新时代的长征路。

第五，强化督查，形成抓落实的常态。督查是推动落实的重要环节和手段，也是提高执行力的有效保障。习近平同志指出："在一定意义上说，没有督查就没有落实，没有督查就没有深化。"① 做好督促检查工作，对于推动党的路线方针政策和决策部署的贯彻落实，对于推进各级党委的科学决策、民主决策意义重大。强化督查，要抓住"快、常、长、严"。

"快"就是快速抓，见时效。只有抢先一步，才可能赢得先机、赢得主动权。在重大决策部署出台之时，一定要超前思考、超前谋划、超前准备。在上级文件下发之时，立即启动督查方案，把督查工作贯穿于理解上级精神和贯彻落实决策部署的各方面、全过程，推动决策部署的迅速落实，形成既有布置又有检查、既真抓实干又令行禁止的局面。

"常"就是要经常抓、常态化。要把督查工作时刻摆在重要位置上，有机融入日常工作中，推动督促检查常态化，做到党委、政府工作部署到哪里，督促检查就跟随到哪里。督查要创新方式方法，坚持常规督查和专项督查相结合、机动式督查和"回头看"式督查相结合，确保督查在抓落实工作中全覆盖、无死角。

"长"就是持久抓、见长效。要实现督查的长效，没有一套健全完善的制度不行。没有完善的制度，就会出现"三天打鱼，两天晒网"的现象，无法取得稳定的督查效果。2017年6月，党中央印发了《关于加强新形势下党的督促检查工作的意见》，对加强新形势下党的督促检查工作提出明确要求和重要措施，确保督查工作贯彻落实，取得长效。

"严"就是对督促检查工作要严格要求，强化督促检查工

---

① 习近平：《没有督查就没有落实——在与浙江省委督查室干部座谈时的讲话》，《秘书工作》2015年第1期。

作责任追究。对决策执行不力、工作落实不到位，领导督促检查工作不力，妨碍、干扰、阻挠督促检查工作正常开展，以及督促检查工作人员失职失责的，都要严肃追究问责，以强有力的督查形成倒逼机制、激发落实动力，让改革发展大政方针和重大部署落地生根、取得实效，让人民共享改革成果，有更多的获得感、幸福感。

第八讲 增强驾驭风险本领

实现中华民族伟大复兴，我们党面临许多风险与考验。全党要居安思危，克服麻痹大意，要更加自觉地防范各种风险，坚决战胜一切在政治、经济、文化、社会等领域和自然界出现的困难和挑战，坚决打好防范化解重大风险、精准脱贫、污染防治的攻坚战。领导干部要有知识、有见识、有责任担当精神。要健全防控实际工作中的风险的长效机制，提升执行力，做到"言必行，行必果"，工作精益求精、作风踏踏实实，深入调查研究，掌握一手资料，做到问题了然于胸、风险防范于未然。

中华民族伟大复兴，绝不是轻轻松松、敲锣打鼓就能实现的。全党必须准备付出更为艰巨、更为艰苦的努力，要更加自觉地防范各种风险，坚决战胜一切在政治、经济、文化、社会等领域和自然界出现的困难和挑战，坚决打好防范化解重大风险、精准脱贫、污染防治的攻坚战。党的十九大报告强调，增强驾驭风险本领，健全各方面风险防控机制，善于处理各种复杂矛盾，勇于战胜前进道路上的各种艰难险阻，牢牢把握工作主动权。

一、树立居安思危的忧患意识

居安思危既是中华民族治国安邦的重要经验，也是增强驾驭风险本领的心理基础。忧患意识是五千年中华文明的重要内容，最早源自人们对未知的畏惧和对天地的敬畏。随着中华民族历史的发展，忧患意识逐渐从自然领域发展到社会领域、政治领域，形成了"安而不忘危，存而不忘亡，治而不忘乱，是以身安而国家可保也"的政治哲学；形成了"人无远虑，必有近忧""凡事预则立，不预则废"的人生思考；形成了"安不忘危，治不忘乱，虽知今日无事，亦须思其始终。常得如此，始是可贵也"的盛世之忧；形成了"忧劳可以兴国，逸豫可以亡身"的从政经验；形成了"前事不忘后事之师""以史为镜，可知兴替"的历史警示；形成了"先天下之忧而忧，后天下之乐而乐"的宽广胸怀；形成了"位卑未敢忘忧国"的民族之忧。这些治国安邦的人生智慧和政治智慧，给我们党治国理政以深刻的思想启迪。

成立于民族危难之际的中国共产党始终保持着很强的忧患意识。在全国革命即将取得胜利、中国共产党即将在全国执政的前夕，为了防止党员干部执政后脱离群众、贪污腐败，毛泽东未雨绸缪，及时给全党敲响了警钟。他在七届二中全会上提出了"两个务必"，即务必使同志们继续保持谦虚、谨慎、不骄、不躁的作风，务必使同志们继续保持艰苦奋斗的作风。改革开放以来，邓小平也逐渐认识到改革在促进经济社会发展的同时也带来了极大的风险。他指出："我们的改革有很大的风险，但很有希望成功。有了这样的信心，才能有恰当的决策。"① "我们要把工作的基点放在出现较大的风险上，准备好对策。这样，即使出现了大的风险，天也不会塌下来"②。鉴于改革过程中党内随之出现新的问题，邓小平明确指出："这个党该抓了，不抓不行了。"③ 在党的十六大上，党中央再次强调全党同志一定要增强忧患意识，居安思危，清醒地看到日趋激烈的国际竞争带来的严峻挑战，清醒地看到前进道路上的困难和风险，要进一步解决提高党的领导水平和执政水平、提高拒腐防变和抵御风险能力这两大历史性课题。随着改革的不断深化，各种矛盾问题层出不穷。党的十七届四中全会强调，全党必须居安思危，增强忧患意识，常怀忧党之心，恪守兴党之责，勇于变革、勇于创新，永不

---

① 《邓小平文选》（第三卷），人民出版社1993年版，第268页。
② 《邓小平文选》（第三卷），人民出版社1993年版，第267页。
③ 《邓小平文选》（第三卷），人民出版社1993年版，第314页。

僵化、永不停滞。

新时代，我们前进路上面临许多风险与挑战，必须增强忧患意识。党的十八大以来，习近平同志高度重视党治国理政中出现的风险和挑战，多次强调全党要增强忧患意识。在2017年中央政治局民主生活会上，习近平同志指出，我们党是生于忧患、成长于忧患、壮大于忧患的政党，正是一代代中国共产党人心存忧患、肩扛重担，才团结带领中国人民不断从胜利走向新的胜利。2018年1月5日，在新进中央委员会的委员候补委员和省部级主要领导干部学习贯彻习近平新时代中国特色社会主义思想和党的十九大精神研讨班上，习近平同志再次强调，增强忧患意识、防范风险挑战要一以贯之。

中国共产党作为在中国长期执政的马克思主义政党，团结带领人民历经千难万险、付出巨大牺牲，攻克了一个又一个看似不可攻克的难关，创造了一个又一个彪炳史册的人间奇迹。今天，我们比历史上任何时期都更接近、更有信心和能力实现中华民族伟大复兴的目标。但实现中华民族伟大复兴的征途不可能一帆风顺。面对波谲云诡的国际形势、复杂敏感的周边环境、艰巨繁重的改革发展稳定任务，我们要传承、弘扬中华优秀传统文化，汲取中华民族治国理政的政治智慧和政治经验，不断增强忧患意识，既要有防范风险的先手，也要有应对和化解风险挑战的高招；既要打好防范和抵御风险的有准备之战，也要打好化险为夷、转危为机的战略主动战；……不断增强驾驭风险本领，牢牢把握工作主动权。

增强忧患意识是对新时代领导干部的内在要求。风险高发、频发是当今社会的特征之一。1986年，德国社会学家贝克就郑重告诫：我们已经进入了一个"风险社会"，这是一个与传统社会很不相同的社会。在传统社会中，人们相信人的理性力量能够控制自然和社会，使人类社会有秩序、有规则地发展。但是，随着经济全球化及科学技术的发展，社会的不确定性和不可预测性日益增多，人们不得不面对更多的风险。在我国，我们进入了中国特色社会主义建设新时代，正处于大有可为的历史机遇期，但前进道路上也面临着许多前所未有的挑战和风险。

从国际上看，世界正处于大发展大变革大调整时期，世界多极化、经济全球化、社会信息化、文化多样化深入发展，全球治理体系和国际秩序变革加速推进，各国相互联系和依存日益加深。同时，世界面临的不稳定性不确定性突出，世界经济增长动能不足，贫富分化日益严重，地区热点问题此起彼伏，恐怖主义、气候变化等人类共同的威胁持续蔓延。随着中国走向"强起来"的新征程，中国的国际地位和国际影响力显著提升，前所未有地靠近世界舞台的中心。但是，中国的强大和中华民族的伟大复兴必然对现有国际格局和国际秩序产生重大影响，某些西方国家并不希望看到一个强大的中国屹立于世界东方，千方百计地对我们进行防范、阻挠、遏制。

从国内来看，我国发展不平衡不充分的一些突出问题尚未解决，民生领域还有不少短板，社会矛盾和问题交织叠加，意识形态领域斗争依然复杂，党的建设方面还存在不少薄弱环节等等，我们随时会面临政治安全风险、经济金融风险、社会稳定风险、网络安全风险、生态安全风险、边境稳定风险。

要有效防范化解新时代党面临的国内外的各种风险挑战，走好新时代的长征路，领导干部要全面提升对各类风险的感知力、洞察力、预判力、把控力，增强忧患意识，做到居安思危、知危图安。

二、正确认识风险本质，万万不可麻痹大意

树立忧患意识，全党必须强化责任担当。越是成绩巨大，越要冷静谨慎警惕，不可麻痹大意。这必须建立在对风险本质的正确认识上。正确认识风险、正确把握风险的本质特征，这是树立忧患意识、驾驭风险的逻辑起点。所谓"风险"，是可能发生的危险，是遭受损失、伤害、不利或毁灭的可能性。风险具有多重特征，直接威胁到执政党的执政安全，是任何一个执政党都不容忽视的问题。

风险具有客观性。风险是客观事物矛盾的反映，具有不以人的意志为转移的普遍性。任何执政党都不愿遇到风险，都不愿承受风险带来的损失。但无论是否承认或勇于面对，风险都是真真实实地存在。

风险具有多发性。影响中国共产党执政的因素有很多，既有政治、经济、文化、社会、生态、党的自身建设等方面的国内风险，也有国际环境、国际关系、恐怖主义等方面的国外风险，还有国内和国外因素相互交织的系统性风险。无

论哪一种风险都会直接威胁中国共产党执政地位。

风险具有复杂性。风险的复杂性主要表现在：不仅风险的种类繁多，而且风险何时发生、地点在哪、源头在哪、程度如何及何时转变为现实的危机，这些都是未知数，这给防范风险带来了极大的困难。

风险具有双重性。辩证唯物主义认为，任何事物都有两面性，风险也不例外。无论是隐性的风险还是显性的风险都会带来不同程度的危害。但如果处理的方法得当，也可能转危为安，化风险为机遇。所以风险有时也不一定是坏事，它既可倒逼领导干部素质能力的提升，也有可能带来新的发展机遇。

风险具有扩散性。风险不是孤立封闭的实体，而是随时可能从一个领域转到另一个领域，从一个国家转到另一个国家。

各级领导干部要认真理解把握风险的内涵及本质特征，从当前中国发展面临风险的实际出发，一以贯之地增强忧患意识，积极面对新时代党面临的各类风险挑战，科学分析新时代党面临风险挑战的本质，凡事要从坏处准备，努力争取最好的结果，努力降低风险发生的可能性和破坏程度。

树立忧患意识，要强化领导干部的责任担当。领导干部是党和国家事业的骨干，是防范化解风险挑战的主体。领导干部的素质高低、责任强弱，直接关系到风险防范化解成效。因此，领导干部都要增强忧患意识，做到居安思危、知危图安。

前进道路不可能一帆风顺，越是取得成绩的时候，越要有如履薄冰的谨慎，越要有居安思危的忧患，绝不能犯战略性、颠覆性错误。中国特色社会主义进入新时代，全面建成小康社会进入决胜阶段，全面深化改革进入攻坚期和深水区，全面依法治国和全面从严治党向纵深推进，前进道路上面临的风险挑战更多、形势更复杂，对党员领导干部驾驭风险能力的要求就更高。新时代，党员领导干部在风险防范化解上不仅要敢于担当，勇于战胜前进道路上的各种艰难险阻，而且要善于担当，善于处理各种复杂矛盾和情况，有效应对和化解威胁伟大事业的各种风险，把风险防范工作抓实做好。要增强党员领导干部忧患意识和驾驭风险的本领，就必须强化党员领导干部的宗旨意识与责任担当。各级领导干部要牢记中国共产党的初心和使命是为人民谋幸福、为民族谋复兴，这是激励我们增强忧患意识和驾驭风险本领的根本动力。各级领导干部要强化"四个意识"，坚定"四个自信"，以对党忠诚、为党分忧、为党尽职、为民造福的使命担当，以"不忘初心、牢记使命"的政治情怀、"大道之行、天下为公"的人民情怀，充分认识前进道路上面临风险挑战的艰巨性、复杂性，以及增强驾驭风险本领的极端重要性、紧迫性，居安思危、未雨绸缪，着力增强忧患意识和危机意识，着力强化党员领导干部适应新时代中国特色社会主义发展要求的风险防范、驾驭、处理的能力，补齐党员领导干部风险驾驭方面的短板，有效应对重大挑战、抵御重大风险，不断把新时代中国特色社会主义事业推向前进。

树立忧患意识，要学习掌握科学的思维方法。党的十八大以来，习近平同志多次强调，各级领导干部要努力学习掌握科学的思维方法,提高善用战略思维、历史思维、辩证思维、创新思维、底线思维的能力和水平。战略思维能力,就是高瞻远瞩、统揽全局,善于把握事物发展总体趋势和方向的能力。领导干部提高战略思维能力,要树立大局意识,站在全局的高度观察、思考、处理风险挑战,善于通过偶然性发现必然性,能够及时捕捉带有倾向性、潜在性风险,早识别、早预警、早发现、早处置,对各类风险苗头不能掉以轻心,更不能置若罔闻,尽可能把风险和矛盾化解在萌芽状态,下好先手棋,打好主动仗,做到有备无患,牢牢把握风险防控的主动权。历史思维能力,就是以史为鉴、知古鉴今,善于运用历史眼光认识发展规律、把握前进方向、指导现实工作的能力。领导干部提高历史思维能力,要加强对古代历史、党史国史、社会主义发展史和世界史的学习,善于总结过去历史面对风险挑战的教训,借鉴历史上应对风险挑战的政治智慧,以史为镜、古今结合、古为今用,从新时代风险的特点出发,正确分析风险发生的原因、性质、程度、范围,有效地防范化解前进道路上的各种风险。辩证思维能力,就是承认矛盾、分析矛盾、解决矛盾,善于抓住关键、找准重点、洞察事物发展规律的能力。领导干部提高辩证思维能力,要运用辩证唯物主义观察、思考、分析风险,善于通过表象发现事物的本质和规律,学会运用辩证唯物主义的工作方法,既要学会"弹钢琴",也要善于牵住"牛鼻子",既要找准症结,也要周密谋划、精心操作;面对各方面风险,既要及时查漏补缺,也要善于健全防控机制,加强源头治理;面对各种艰难险阻,既要迎难而上、敢啃硬骨头,也要培养专业能力、遵循规律办事。创新思维能力，就是破除迷信、超越常规，善于因时制宜、知难而进、开拓创新的能力。领导干部提高创新思维能力，要有创新意识，敢于打破常规，注重学习相关知识、总结借鉴经验、创新机制体制和方式方法，正确把握事物的发展趋势，对苗头性、倾向性问题进行科学预判，把矛盾纠纷化解在萌芽状态，从源头上预防和减少社会激烈冲突。底线思维能力，就是客观地设置最低目标，立足最低点，争取最大期望值的能力。领导干部提高底线思维能力，要见微知著、居安思危、未雨绸缪，凡事从最坏处准备，努力争取最好的结果，把形势想得复杂一点、把挑战看得严峻一点、把预案准备得更加充分和周详，做到"任凭风浪起，稳坐钓鱼船"。

三、健全防控风险的长效机制

健全防控风险的长效机制是增强驾驭风险本领，有效防范化解重大风险挑战的根本保障。人类已经进入风险社会，这是不争的事实。风险常态化呼唤风险防控的常态化。这就要求对可能遇到的问题有足够准确的预判，把风险管理过程中采用的方式、流程、有效措施制度化，健全防控风险的长效机制，在风险防控上建立起统一指挥、反应灵敏、协调有序、运转高效的工作机制，完善防范和处置风险应急机制，掌握工作主动权。同时，要优化配置资源、立体联动，建立健全长期性、系统性风险跟踪预警机制，既要对未发生的风险做好识别评估、研判分析，也要对分散处理后的风险进行动态监督、二次应对。

健全完善风险应急防控机制。应急防控机制是风险防控机制的关键。虽然风险具有客观性、扩散性，给国家社会带来的不确定性、不稳定性因素增多，但风险并不是空穴来风、无迹可寻，也不是"洪水猛兽"、无从下手。只要居安思危、未雨绸缪、敢于担当、从容应对，往往能够防范、化解风险，转危为安，化风险为机遇。一是要健全风险识别机制。识别是风险防控的基础。领导干部一方面要居安思危、锻炼本领，提高识别风险的"内力"；另一方面又要汲取经验、用好外援，用好识别风险的"外力"。只有"内力"和"外力"的充分结合，才能科学识别各种突发性事情，及时查漏补缺，对可能发生的风险作出科学判断和预测，加强源头治理，采取针对性措施来防范、化解风险。二是要健全风险评估机制。评估是风险防控的前提。领导干部要坚持以人民为中心的发展思想，充分听取群众意愿和专业人士建议，按照轻重缓急、制约因素、危害程度等要素，科学评估风险等级，再根据风险评估等级，合理制定应对方案，做实做细做好各种应对工作，及时控制风险的波及范围和破坏程度，防止系统性、复合性风险的爆发。三是健全风险决策指挥机制。决策指挥是风险防控的关键。领导干部提高决策指挥能力，要本着对风险防控工作高度重视的态度，广泛听取专家、民众和有实战经验官员的意见，掌握各方面的相关信息、协调好各方面的利益关系，做好后勤保障工作，着力建立统一指挥、反应灵敏、协调有序、运转高效的工作程序，完善防范和处置风险应急机制。只有建立健全风险应急防控机制，意识前移、关口前移，在面对突发性事件时才能遇事不慌、临危不乱。在新时代，可能面临的诸多风险中，自然灾害是破坏力最大、最难防控的。只有建立健全风险防控机制，强化风险意识、落实风险防控责任，把意识放在前面、把问题想在前面、把工作做在前面，在面对天灾时，才能形成全方位、多层次、综合性的防灾减灾救灾网络以及常态和非常态有机衔接的机制，最终在全社会形成"小灾靠自己、中灾靠集体、大灾靠政府"的格局。

建立健全风险跟踪预警机制。跟踪预警机制是风险防控的保障。风险自身的多发性和复杂性特点，注定了风险无法从根本上彻底消除，因此，风险防控工作不是一蹴而就的，也不是一劳永逸。要打好防范化解重大风险的攻坚战，勇于战胜新征程上的各种风险挑战，领导干部要优化配置资源、立体联动，建立健全长期性、系统性风险跟踪预警机制。所谓风险跟踪预警机制，就是预测风险、评估风险、防范风险和应对风险的一系列手段和策略。建立风险跟踪预警机制，可以有效提高全党和社会对风险的感知力、免疫力、应变力和抵抗力，是增强驾驭风险本领的重要工作。因此，领导干部要把建立风险跟踪预警机制作为一项重大的社会系统工作来抓，针对社会上可能发生的各类风险，如，重大传染疫情、具有较大破坏力的自然灾害以及其他危及公共安全的风险问题等，建立科学有效跟踪、预测、防范的预警机制，对风险可能发生的时间、地点、范围和危及程度进行科学预测，并采取相应措施进行防范，把问题解决在萌芽之中，以免事态扩大造成的损失。同时，对分散处理过的各类风险也要进行动态监督，密切关注风险的发展态势，防止处理过的风险借助其他形式死而复生、死灰复燃。

当前，中国特色社会主义进入新时代，改革进入深水期、攻坚期，各类矛盾错综复杂，许多旧的矛盾没有解决，新的矛盾已经产生，新旧矛盾相互交织。在诸多矛盾中，社会矛盾是影响共产党执政和改革发展稳定大局的主要因素。为最大限度地避免因决策不当引发激烈社会矛盾和冲突，要对建立重大政策决策和重大建设项目的社会稳定风险评价制度，探索建立健全各方诉求表达机制、利益协调机制、矛盾调处机制、党委领导、政府主导的群众维权机制，正确处理人民内部矛盾，做好新形势下的群众工作，善于通过全面深化改革化解风险、在推动发展中化解风险、在坚守社会稳定底线中化解风险，合理引导社会公众心理预期，注重从源头上排查化解矛盾纠纷，不断化解现有的社会矛盾、防范减少新的社会激烈冲突。

健全完善风险防控责任追究制。责任追究能够激发领导干部风险防范意识和化解风险本领，是有效防范、化解风险的利器。只有健全完善风险防控的责任追究制，才能避免领导干部在风险防范问题上的不作为、乱作为，才能激发领导干部的风险防范意识，更好地维护人民生命财产安全和国家安全。习近平同志在十八届中央纪律检查委员会第六次全体会议上强调指出，有权必有责、有责要担当、失责必追究。要抓紧完善并严格执行责任追究制，形成法规制度执行强大推动力。健全风险防控责任追究制，要明确主体责任。在风险防控工作中，要明确风险防控的主体责任，对每一个具体问题都要分清党委负什么责任、有关部门负什么责任、纪委负什么责任，健全责任分解、检查监督、倒查追究的完整链条。对不明确责任、不落实责任、不追究责任的党委（党组）和领导干部，要严肃执纪问责。健全风险防控责任追究制，要狠抓制度执行。

在抓责任追究执行工作中，要坚持制度面前人人平等、执行制度没有例外，不留"暗门"，不开"天窗"，积极配合纪检监察部门，彻查引起重大风险、重大事故的主要单位和主要责任人，对在防范和化解风险中互相推诿扯皮、延误处置良机和处置不力而造成重大损失、导致事态扩大的相关责任人要严肃执纪问责。

健全风险防控责任追究制，要制定完善奖惩标准。坚持严管和厚爱相结合、激励和约束并重。既要严肃问责风险防范工作中不作为的领导干部，又要褒奖风险防范工作中敢于担当、善于作为的干部，不断激发广大领导干部防范、化解风险的积极性、主动性和创造性。

制度的生命力在于执行。措施再好、制度再完善，不执行也是镜花水月。习近平同志指出："最重要的就是抓好落实，言必行、行必果。"①

第一，快速处置，控制危机后果。快速响应是防控风险

---

① 《深入推进党风廉政建设和反腐败斗争的思想武器和行动指南——学习〈习近平同志关于党风廉政建设和反腐败斗争论述摘编〉》，《人民日报》2015年1月26日。

机制的第一原则。风险具有扩散性和破坏性，若不及时防范、化解风险，就会丧失应对先机，可能造成险象环生、岌岌可危的被动局面，甚至有可能扩散到其他领域，引发一系列的连锁性风险，给国家和社会带来严重危害，给人民群众带来巨大损失。领导干部作为奋斗在防范风险一线的指挥官，要切实担负起维一方稳定、保一方平安、促一方发展的主体责任，要积极主动地把自己职责范围内可能发生的风险防控好，不把防风险的责任推给上面、留给后面，更不能在工作中不负责任地制造风险。在面对突发风险，各级领导干部要始终坚持以人民为中心的发展理念，牢固树立生命至上、安全第一的思想，时刻把人民群众的生命财产安全放在第一位，沉着冷静、快速反应，第一时间掌握情况、作出决策，注重从全面、整体和长远的高度分析研判，找准矛盾和问题的根源，综合运用法律、政策、经济、行政等手段和教育、协商、疏导等方法化解风险，亡羊补牢，最大限度地减少人员伤亡。要在第一时间控制风险规模和影响范围，迅速启用所有公共资源开展危机治理，因势利导、多措并举，根据实际情况灵活调整风险应对方案，在错综复杂的关系中抓住重点，解决关键问题，化解主要矛盾，果断遏制危机的发展和升级，牢牢把握防范、控制、化解风险的主动权，尽快恢复社会正常秩序，避免风险的进一步恶化、衍生，以最少的时间减少损失、挽回损失。

第二，做好危机信息管理工作，防止次生危机。危机信息管理工作是领导干部的一项重要工作，也是新时代领导干部必须具备的本领之一。做好危机信息管理工作，及时公布真实信息，有利于减轻或消除公众心理上的紧张与压力；有利于正确引导公众在风险和危机面前保持理性，不产生过激反应和行为，防止次生危机的产生；有利于领导者全民动员、群防群控，缩短危机周期。当今社会是信息化社会。随着互联网特别是移动互联网快速发展，网络已经成为社会舆论传播和民众利益诉求的重要渠道。网络的自由性、即时性、便捷性、多样性等特点，不仅给人民的生活带来了诸多便利，也给国家和社会安全带来了风险挑战。当风险发生之后，信息会很快通过网络传播到千里之外。其中如果夹杂着谣言和虚假信息，就会误导民众，激发群众的愤怒、不满等负面情绪，引起社会混乱，给风险处理带来阻力，最终导致风险应对工作的被动局面。2016年10月，习近平同志在中共中央政治局第三十六次集体学习时强调指出，各级领导干部特别是高级干部，如果不懂互联网、不善于运用互联网，就无法有效开展工作。所以，领导干部必须要具备互联网思维，不断提高社会舆论的正确引导力、群众影响力、组织公信力，做好危机信息管理工作，善于借助媒体引导社会热点、疏导公众情绪、通达社情民意、弘扬社会正气。

当社会面临重大危机和威胁时，人们难免会陷入焦虑、恐慌。领导干部应第一时间做出反应，第一时间通过网络媒体发声、传递真实信息，抢占传播先机、掌握话语权、赢得主动权。当网上出现一些不明真相的谣言和网友质疑时，应及时发布正确的信息与言论，包括事实真相、事实过程、伤亡情况、应对措施等内容，主动回答网友的疑问，有根据地批判、反驳各种谣言，正确引导舆论的方向，使网友客观、理性地看待事情，不被谣言所左右。

四、改进工作作风，提高工作能力，降低风险防控成本

工作精益求精、作风踏踏实实，是从源头上防控风险的基础性要求，是增强驾驭风险本领的落脚点。据统计，天灾大多人力不可抗拒，但人祸往往可由默默地、踏实地工作最大限度地避免。由于危机管理上的困境，导致人力财力在防范上投入不足，过多向危机治理倾斜。虽然许多危机因为人为的努力避免了，但努力避免危机的人往往得不到任何奖励，放任危机的人也很难得到相应惩罚。一旦灾害危机爆发，轰轰烈烈救灾解危的人则成为英雄。有一个故事，民间有 N 个版本，但意思大致相当。话说有两个同班同学张三和李四，毕业后都从政，后来几乎同时当上了县长。张三到 A 县上任后，又是调查又是研究，发现当地水利工程年久失修，虽多年未遇洪灾，但一旦遇到洪涝灾害，本地几十年的发展成果将毁于一旦。于是张三推动当地政府把兴修水利工程纳入工作规划，提上重要日程，亲自指挥协调，五加二、白加黑苦干，清理河道，改造设施，筑坝固堤终于大功告成。李四到任 B 县后轻轻松松干了几件锦上添花的事，经常报纸上有名、广播里有声、电视里有影，在当地就像明星一般。李四有时和张三也有交流，他把张三的兴修水利未雨绸缪看成是杞人忧天，心中暗笑张三出傻劲、不会巧干。次年，由于受到厄

尔尼诺现象影响，百年一遇的洪水不期而至。A县水利设施提前修好了，有备无患、安然无恙。而B县却汪洋一片！根据当地受灾情况，民政部领导决定立即启动自然灾害二级响应，抗洪救灾的部队来了，大批的记者也来了，中央政府官员也来了，省里市里的领导也来了。李四抗洪救灾一线的战斗姿态、顾不上吃饭，凑合着吃方便面的狼狈、昼夜奋战后的疲惫……不时出现在电视屏幕上，一个关键时刻能顶上去、挺得住的优秀干部的形象越来越清晰、越来越高大起来。洪水退去后不久，群众的家园重建工程还没完呢，省里就来了任命通知，李四被提拔到市里做副市长，最主要的原因是抗洪抢险中显出了英雄本色！几年后，已经当上市长的李四到A县视察工作，受到张三县长热情迎接。

人的自利本能决定了后来必然出现的结果："在消防部门专业化时，他们发展了扑灭火灾的技术，而不是预防。在警察部门专业化时，他们集中注意力于追捕罪犯，而不是帮助社区预防犯罪。甚至环保机构虽然很快懂得预防的优越性，不知怎么的却发现自己把大部分钱花在了清理污染方面。"[①] 这种现象的存在，往往导致防控风险意识薄弱，化解风险成本提高，这就更加需要领导干部不断转变防控风险思路，强化全局意识和责任意识，直面问题，敢于较真、敢于碰硬、敢于担责。

---

① ［美］戴维·奥斯本、特德·盖布勒著，周敦仁等译：《政府改革——企业精神如何改革着公营部门》，上海译文出版社1996年版，第202页。

第一，提高领导干部的综合素质。各级领导干部是党治国理政的骨干。有效防范、化解我国从"富起来"到"强起来"征途中的各种风险，各级领导干部是关键。在新时代，党面临的改革发展任务之重前所未有，矛盾风险挑战之多前所未有，党治国理政的考验之大前所未有。如何有效破解前进道路上的各种难题，有效应对重大挑战、抵御重大风险、克服重大阻力、解决重大矛盾，迫切需要提高领导干部的综合素质，建设高素质专业化的干部队伍。

提高领导干部的综合素质，一要坚定理想信念。要把理想信念建立在对科学理论的理性认同上，建立在对历史规律的正确认识上，站稳人民立场，充满信心、奋发有为，更加自觉地应对、化解新时代的各种风险挑战。二要提高专业化能力和水平。领导干部要强化风险意识，加强业务能力的学习，邀请各方面的专家、学者进行授课，学习经济、政治、文化、法律、科技、历史、外交等方面的知识，拓宽知识面，优化知识结构，提高搜集、整理、分析信息和解决实际问题的能力，提高利用外脑拓展自身智慧的能力，着力解决本领不足、本领恐慌的问题。同时，还要学会科学的工作方法，善于借助互联网、"大数据"等信息化手段来分析、应对、防范风险，及时发现风险的苗头和倾向性，把风险扼杀在摇篮里。

第二，深入调查研究。调查研究是我党的优良传统和工作方法，也是新时代领导干部增强驾驭风险本领的重要工作方法。习近平同志2017年7月在湖北调研时指出，调查研究是谋事之基、成事之道。没有调查就没有发言权，更没有决策权。只有深入调查研究，才能真正做到一切从实际出发、理论联系实际、实事求是，真正保持党同人民群众的密切联系，也才能从根本上保证党的路线方针政策的正确制定与贯彻执行，保证我们在工作中尽可能防止和减少失误，降低风险发生概率。

新时代，各种矛盾错综复杂、交织叠加。各级领导干部应广泛开展深入实际、深入基层、深入群众的调查研究工作，多层次、多方位、多渠道地调查了解情况，切实把握真实情况，掌握一手资料，做到问题了然于胸、风险防范于未然。开展调查研究工作并不是盲目地调查，也不是"走马观花"式的调查，而是坚持人民群众观和求真务实的理念真真正正地实地调查，是带着人民对美好生活向往的奋斗目标来调查，是带着及时发现清除影响人民生命财产安全隐患的目的来调查，切实了解人民群众的所思所想所盼，努力把真实情况掌握得更多一些、把客观规律认识得更透一些，把功夫下在平时，为有效防范、应对、化解风险打下扎实的基础。同时，在调查研究的过程中要善于思考，"把大量和零碎的材料经过去粗取精、去伪存真、由此及彼、由表及里的思考、分析、综合，加以系统化、条理化，透过纷繁复杂的现象抓住事物的本质，找出它的内在规律，由感性认识上升为理性认识，在此基础上作出正确的决策"①；要善于用升华的理性认识武装头脑、指导实践、推动工作，注重细节，善于发现、排除工作生活中潜伏的隐患，及时发现、排除不稳定因素，不断

---

① 习近平：《谈谈调查研究》，《学习时报》2011年11月21日。

提高各级领导干部危机防范、应对和处理的能力，维护人民群众的生命财产安全和国家安全。

第三，坚决反对"四风"问题。党的作风是党的形象，关系人心向背，关系党的生死存亡。在十八届中央政治局第一次会议上，习近平同志指出，我们党作为马克思主义执政党，不但要有强大的真理力量，而且要有强大的人格力量。真理力量集中体现为我们党的正确理论，人格力量集中体现为我们党的优良作风。中国共产党作为在中国长期执政的马克思主义政党，作为根基在人民、血脉在人民、力量在人民的马克思主义执政党，任何时候对作风问题都不能掉以轻心。时代是出卷人，我们是答卷人，人民是阅卷人。我们党的工作作风如何、执政水平如何、满足人民美好生活向往的能力如何，老百姓心中都有一杆秤。中国特色社会主义进入新时代，我国面临着前所未有的历史发展机遇，也面临着前所未有的巨大风险挑战。形式主义、官僚主义、享乐主义、奢靡之风等"四风"问题的危害性、破坏性极大，不仅严重脱离人民群众，破坏党与人民群众的血肉联系，损害党的形象，影响党的先进性，弱化党的纯洁性，腐蚀党长期执政的群众基础，而引发许多社会矛盾，造成许多工作漏洞和社会稳定隐患。

各级领导干部要以强烈的责任担当加强作风建设，坚持以身作则、以上率下，巩固拓展落实中央"八项规定"精神成果，深入开展群众路线教育实践活动和"三严三实"专题教育，推进"两学一做"学习教育常态化制度化，进一步解决党员队伍在思想、组织、作风、纪律等方面存在的问题，进一步提高党应对风险的能力和水平。要深刻认识作风问题的顽固性、反复性,坚持作风建设永远在路上,在抓常抓细抓长上下功夫,锲而不舍、持之以恒地加强作风建设,以更加务实的态度和作风应对前进道路上出现的各种风险挑战。坚持和健全责任追究制,对为官不为亮出问责之剑,使"有为者有位"、"能为者上位"、"不为者让位",充分激发各级领导干部防范、化解风险的积极性、主动性、创造性。

第四,加强国际合作。经济全球化的时代是最好的时代,也是最坏的时代。当今世界,人类正处于大发展大变革大调整时期。随着世界多极化、经济全球化、社会信息化、文化多样化的深入发展,各文明之间的交往、交流、交融日益密切,世界各国之间的联系从来没有像现在这样紧密。但世界人民在追求美好生活时,也面临着前所未有的共同风险挑战,如经济发展动力不足、地区冲突、恐怖主义、气候变化、资源短缺、网络安全、霸权主义、强权政治等非传统性安全问题,制约了世界人民追求美好生活的步伐。面对动荡不安的大世界,面对前所未有的大变局,没有哪个国家能够置身事外、独善其身。和平、发展、合作、共赢成为世界各国人民的共同心声,也是时代发展的潮流,妄自尊大或独善其身只能四处碰壁。只有坚持和平发展、合作共赢的理念,才能防范、应对、化解人类面临的共同挑战,才能更好地实现世界人民对美好生活的向往,才能更好地维护世界和平、促进共同发展,建设持久和平、普遍安全、共同繁荣、开放包容、清洁美丽的世界。

风险具有扩散性,仅仅防范化解了本国、本地区的风险挑战就认为万事大吉的想法是错误的。在信息化社会，问题的传导性、人员的流动性、信息的扩散性大大增强，仅靠一个国家、一个地区来防范化解风险是不可能的，即使是风险暂时化解了，也有可能死灰复燃。因此，我们要树立全球观念，摒弃冷战思维和零和博弈，推动构建人类命运共同体，加强对话协商，开展合作交流，共同应对人类文明发展进程中的风险挑战。特别是在涉及世界各国人民利益的重大风险面前，我们有责任也有必要与相关国家、国际组织开展合作，既要积极争取国际力量在资金、人员、技术、教育和培训及道义上的支持，也要加强在信息方面的沟通，进而积极整合全球资源，更加有效地提升领导者驾驭风险的本领。

后 记

《全面增强党的执政本领八讲》一书搁笔之际，最想说的是"感谢"。感谢中央党校（国家行政学院）党建部主任张志明教授的信任与支持，感谢广东人民出版社卢雪华主任亲切、委婉却坚定执着的督促鞭策，感谢我先生的支持和无私的爱的奉献，感谢肖立辉、李永明极其专业的指导，感谢李娜、韩宏亮、刘序明、密姗、丁伟、刘新凯、杨天乔、徐雷的加油鼓劲。由于承担着中央党校（国家行政学院）省部级干部班、厅局级干部班、县委书记班、中青年干部培训班、新疆民族干部培训班、西藏民族干部培训班的党建、领导力方面课程的教学工作，任务繁重；由于参加我校承担的中组部组织的相关专业的干部培训教材编写工作，任务紧急；由于随时会被组织安排去参加外事工作，向前来学习中国经验、中国智慧的外国政党代表团介绍中共党建情况与中共的决策与实施，任务重要……总之，凭我有限的时间和精力，按时完成本书写作计划眼看着就成了不可能的任务。中央党校（国家行政学院）党建专业博士生岳宗强给了神助攻。他凭着良好的敬业精神、专业素养和文字功底，在规定时间内完成了第六、七、八讲的写作。中央党校（国家行政学院）党建专业博士生张克兵、张鹏对本书的付梓亦有贡献，其中，张鹏是第六讲的第二作者。

全书的框架设计、统稿、定稿工作由我完成。本书的主要资料来源：《毛泽东选集》（第一至第四卷）；《邓小平文选》第二卷、第三卷；《习近平谈治国理政》及《习近平谈治国理政》（第二卷）；我在中央党校供职30年间对各级各类干部的相关访谈资料；我应邀到全国各地党政机关、事业单位、国有企业、民营企业、街道乡村讲课调研时获得的资料；《人民日报》《光明日报》《经济日报》《解放军报》《求是》杂志及人民网、新华网等官方媒体的理论宣传文章；中央党校党建部集体备课的部分相关成果。

本书的读者群定位是党的各级各类领导干部。旨在为党的干部深入学习、领会和全面贯彻党的十九大精神，以永不懈怠的精神状态和一往无前的奋斗姿态朝着实现中华民族伟大复兴的宏伟目标奋勇前进而填薪助力。主观上，自始至终力图阐明党的政治主张、具体要求，并回应增强新时代党的执政本领中的现实问题。但我在中央党校从事党建与领导力方面的理论研究和干部教育工作30年的工作背景，以及个人阅历、职业特点等决定了在阐述党的政治主张和增强执政本领的具体要求时，习惯性的进行概念界定、理论阐述与理论分析，这也让本书的理论宣传具有了些许学术色彩。

本书自始至终以习近平新时代中国特色社会主义思想为指导，贯彻党的十九大精神。增强阅读趣味性，让读者在轻松愉悦的阅读中了解我们党增强新时代执政本领的政治主张、基本要求，在潜移默化中增强执政本领，为实现中国梦施展才华、做出贡献，这是完成本书的初心。由于专业偏好、个人阅历及水平所限，本书的错误之处敬请读者批评指正。

刘炳香

2018年国庆佳节于北京市大有庄